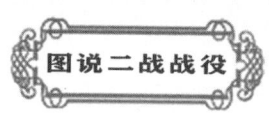

浴血阿拉曼

申文平 主编

吉林出版集团股份有限公司

图书在版编目（CIP）数据

浴血阿拉曼 / 申文平主编 .—长春：吉林出版集团股份有限公司，2019.7
 ISBN 978-7-5581-6698-3

Ⅰ.①浴… Ⅱ.①申… Ⅲ.①第二次世界大战战役—史料—北非 Ⅳ.① E195.2

中国版本图书馆 CIP 数据核字（2019）第 090173 号

浴血阿拉曼

主　　编	申文平
责任编辑	王　平　滕　林
策划编辑	齐　琳
封面设计	亿德隆装帧设计
开　　本	710mm×1000mm　1/16
字　　数	220 千
印　　张	16
版　　次	2020 年 1 月第 1 版
印　　次	2020 年 1 月第 1 次印刷
出　　版	吉林出版集团股份有限公司
电　　话	总编办：010-63109269
	发行部：010-81282844
印　　刷	三河市天润建兴印务有限公司

ISBN 978-7-5581-6698-3　　　　　　　　　　　定价：45.00 元
版权所有　侵权必究

目 录

第一章
聚焦阿拉曼

丘吉尔强烈不满 / 002

蒙哥马利入主北非 / 018

隆美尔坚守待援 / 032

英军奋战哈勒法山 / 047

第二章
决胜时刻

一切做得十分隐秘 / 058

发动粉碎性的进攻 / 075

隆美尔重返北非 / 088

抓住了战场主动权 / 100

双方胜负已经分明 / 112

第三章
"火炬"行动

"火炬"计划最终出台 / 122

巴顿做好了最后准备 / 132

揭开北非登陆夜幕 / 145

获得现代战争经验 / 155

第四章

突尼斯的争夺

盟军向突尼斯推进 / 168

马雷斯形成对峙 / 176

轴心国最后一块领地 / 183

隆美尔反戈一击 / 192

第五章

"非洲军团"的覆灭

海上封锁突尼斯 / 210

"超级炸药"行动 / 217

"非洲军团"放下了武器 / 228

罗马帝国梦的终结 / 241

第一章
聚焦阿拉曼

 丘吉尔强烈不满

从隆美尔踏入非洲这片土地开始，他在北非的军事行动大大出乎了德国、英国、美国等所有国家的意料。他以过人的军事才能纵横北非，把北非小战场打成了第二次世界大战中的主战场之一。

1941年2月12日，隆美尔飞抵利比亚首都的黎波里，当时，驻利比亚的意军只剩下5个装备简陋的师和60辆落后的轻型坦克。2月14日，一艘运兵船驶入的黎波里港。德军第五轻型装甲师第三侦察营来到北非，装备了100多辆德国坦克。为了防止被英军炸毁，隆美尔派人用木头和纸板制作了几百辆假坦克，以迷惑英军。德军第五装甲师计划到4月中旬才能到达利比亚。

英国驻中东地区司令韦维尔认为，德国把两个师的兵力和装备运到利比亚，至少需要2个月时间。在上半年，隆美尔不敢发动进攻。

隆美尔请求批准向英军发起大规模进攻，但德国陆军部给他的任务是防御，因为大约在5月底德军第十五装甲师才能到达利比亚。

3月24日，隆美尔擅自命令由意军和德军组成的"非洲军团"，向英军发起试探性进攻，英军退守阿盖拉。

德军第五装甲师第三侦察营的坦克和装甲车向阿盖拉扑去，后边的汽车拼命扬起滚滚沙尘，几百辆装载汽车底盘的假坦克没有开火，但英军吓破了胆，逃到梅塞布列加。

3月31日，隆美尔率军攻打梅塞布列加，刚报到的德第五装甲团是主攻部队，英军仓皇而逃。

4月2日，德军占领艾季达比耶及其附近港口。德军只有第五装甲团，2个机枪营、2个侦察营、3个炮兵连和1个高射炮营。

第一章 聚焦阿拉曼

隆美尔指挥"非洲军团"到处发起佯攻,一旦英军逃跑,立即跟进。4月3日,隆美尔的大部分车辆严重缺油,需要4天的时间加油。晚上,德军占领班加西。隆美尔的"闪电战"产生了奇效:英军进行了800公里大溃退。英国人后来称这次撤退为"托布鲁克大赛马",这是英军历史上最不光彩的一页。

4月10日,"非洲军团"占领利比亚东部昔兰尼加三分之二地区。

4月中旬,"非洲军团"进驻利埃边境,占领了除托布鲁克以外的昔兰尼加省,隆美尔在北非的"闪电战",只用了1个月就使英军在非洲战场上的战果丧失。

隆美尔(右)抵达的黎波里,与当地德军军官会面。

隆美尔准备在增援部队和军用物资到达后,再挥师进攻埃及首都开罗。可是,希特勒忙于准备对苏联的战争,不肯向北非大量派兵。

5月,英国陆军元帅韦维尔在埃及组建了第十三集团军,英国又运来238辆新型坦克。

5月15日,韦维尔发动了代号为"短促行动"的进攻。一部分英军从正面攻打哈法亚隘口以及塞卢姆防线,装甲部队从哈巴塔地区出发,先向西北再转向正北攻打卡普措堡。

6月15日清晨4时半,英军发动全面攻势。双方的实力相差太大:英军有300辆坦克,116架战斗机和128架轰炸机,而隆美尔只有150辆坦克,60架战斗机和79架轰炸机,且大炮数量少得可怜。

英国十字军坦克向阿拉曼防线推进

激战至深夜，疲惫不堪的英军停止了进攻。德军第五装甲师和第十五装甲师趁机于16日拂晓前绕到英军的侧翼发起进攻，英军陷入混乱。6月17日上午10时，英军逃回埃及。

8月15日，德军"非洲军团"正式成立。8月末，德军第九十轻型装甲师到达利比亚。德第五装甲师改称第二十一装甲师。这样，隆美尔拥有第十五、第二十一装甲师和第九十装甲师。

新任中东英军总司令奥金莱克是位杰出的战略家，虽然奥金莱克担任总司令只有1年的时间，但由于他的努力，英军才顶住了隆美尔的进攻，渡过二战史上最艰难的时期。

11月，奥金莱克发动了"十字军战士行动"。奥金莱克计划拖住并歼灭隆美尔的"非洲军团"，以解托布鲁克的英军之围，重新占领利比亚的昔兰尼加省，再占领该国首都的黎波里。

11月19日清晨，英军第七装甲师第二十二旅向比尔古比发起猛攻。第二十二旅是一支由骑兵联队改编的装甲部队。在意军反坦克火炮强大火力的重击下，第二十二装甲旅伤亡过重，仅4个小时就失去了半数以上的坦克，还有30多辆坦克因故障而瘫痪。第二十二装甲旅被迫退守托布鲁克郊区。

英军第七装甲师第二坦克团和第七轻骑兵队占领西迪雷泽，破坏了"非洲军团"的空中运输线。

一支由120辆坦克、12门野战炮和4门88毫米高射炮组成的德军装甲纵队，与英军第四装甲大队遭遇。德军击毁23辆英军坦克，只损失了几辆装甲车。

11月20日，德军第二十一装甲师师长克鲁威尔决定集中装甲力量，依次歼灭各英军纵队，第一次遭遇战将在加布沙打响。不久，隆美尔突然意识到第二十一装甲师面临巨大的危险，连忙把第二十一装甲师调到西迪雷泽。

下午，第二十一装甲师突袭英军，英军第二十二装甲大队的79辆坦克中只剩下34辆，第七装甲大队只剩下10辆。傍晚，德军第十五装甲师碰巧驶入英军第四装甲大队的营地，缴获了50辆坦克。在这场战斗中，德军150辆装甲车中损失了70辆，机械化步兵师半数以上伤亡。

11月21日夜，德军第十五装甲师已经趁夜色绕到英军第七装甲师的后面，据守西北侧的高地。11月22日拂晓，德军第十五装甲师进攻英军第七装甲师，英军第七装甲师损失惨重，全线溃退。

由于奥金莱克拥有10万兵员和750多辆坦克，隆美尔仅有3个德国师、

中东英军总司令奥金莱克（左）慰问前线士兵。

2个意大利军和320辆坦克,双方实力悬殊,德军最后退出昔兰尼加。

1942年1月,隆美尔得到150辆坦克。1月20日,隆美尔升任"非洲军团"司令。不久,他重新攻占了昔兰尼加,由此升为上将。

5月下旬,隆美尔再次向英军发动攻击,击溃英军第八集团军,开始向埃及方向挺进。

6月19日,隆美尔以3个装甲师和1个摩托化师向托布鲁克发起进攻,10多个小时后,德军占领托布鲁克,英军3万多人投降。隆美尔因此被授予元帅军衔。

就在奥金莱克指挥第八集团军与隆美尔展开激战时,有个人对他开始强烈不满。这个人就是英首相丘吉尔。

丘吉尔在1940至1945年、1951至1955年两度任英国首相,被认为是20世纪最重要的政治领袖之一。

丘吉尔出身贵族,小时候学习成绩不好,但综合素质高。1893年8月,丘吉尔进入桑赫斯特皇家军事学院。

1895年,丘吉尔毕业后在第四骠骑兵团担任中尉。10月,丘吉尔和朋友利用假期到古巴体验战争,当时西班牙正在镇压古巴人民起义。在古巴期间,丘吉尔经常向报社投稿,开始了战地记者的生活。

1896年,丘吉尔被调到英属印度。他在部队期间,阅读了大量的历史、哲学作品。

1897年,印度北部爆发了大规模武装起义。丘吉尔马上向部队请假,以战地记者的身份赶到北部。在此期间,他一边向《加尔各答先驱报》和《每日电讯报》投稿,一边开始写小说。

1898年,《马拉坎德野战军纪实》在英国出版。之后,他陆续出版了《萨伏罗拉》和《河上的战争》。

1899年9月,丘吉尔辞去军职,成为《晨邮报》记者,来到南非,报道英布战争。在随英军士兵行进途中,丘吉尔不幸被俘。布尔人拒绝释放他，因为丘吉尔携带武器参加了战斗。

12月，丘吉尔大胆地单独越狱，在英国侨民的帮助下逃到洛伦索－马贵斯的英国领事馆，此事轰动英国。

1900年3月，丘吉尔参加了几次战斗后回到英国，决心步入政坛。

奥德姆选区提名丘吉尔当候选人，保守党人利用他的越狱逃生经历进行宣传，丘吉尔当上了该区的议员。丘吉尔在下议院发表了首次演说，选择的题目是英国与布尔人的战争，因为许多人不了解南非发生的事情。他的演说与保守党的路线完全相反，他说："没有哪个民族像布尔人那样表面上得到那么多的同情，而实际上却得到那么少的援助。"最后，他说要为了广大人民群众谋利益。

不久，陆军大臣布罗德里克要求增加军费。丘吉尔坚决反对陆军大臣的计划。在丘吉尔的周围结成了派别小组，他们都是沽名钓誉的年轻人。

1899年，担任《晨邮报》记者时的丘吉尔。

成员之一是首相的小儿子休·塞西尔勋爵，人们称该小组为"胡里干"。

丘吉尔信奉杰出人物和英雄人物创造历史。他在议会里受到了同事们的欢迎，有很多人曾与他的父亲共过事。丘吉尔的演讲，通过广播扩音器使几百万人痴迷。他的演讲激动人心，是因为他自己也被理想所激励。

1903年5月15日，张伯伦在伯明翰选区发表演说，引起了轰动。德国和美国筑起强大的关税壁垒来保护国内市场与工业。张伯伦建议建立包括英国和其殖民地在内的关税壁垒。

丘吉尔公开反对张伯伦，于1903年9月9日迫使张伯伦和大臣们全部辞职。巴尔弗出任首相，组织新政府，他没有把大臣职位交给丘吉尔。

1903年12月，丘吉尔在结束演讲时说："感谢上帝，我们还有个自由党！"1904年3月，他自称为"独立的保守党人"。1904年4月，丘吉尔在下院的座位从保守党人一边移到自由党人一边，与自由党人劳合·乔治成为朋友。

丘吉尔和劳合·乔治向保守党政府发起攻击。丘吉尔的很多朋友公开指责他，直到11年后，保守党人还提出把丘吉尔赶出内阁。

自由党领袖坎贝尔·班纳曼于1905年组建新政府，1906年1月举行下届议会选举。劳合·乔治出任贸易大臣，丘吉尔出任殖民地事务部次官。1908年，丘吉尔担任贸易大臣。后来，他又担任了五六种职务。丘吉尔提出一系列倡议，为现代英国奠定了基础。他改革制度，规定煤矿工人8小时工作制；禁止雇佣童工；规定店员有权在工作期间休息；制定最低的工资线；等等。

第一次世界大战以前，丘吉尔曾提议限制（主要由贵族担任）上院的权限，取得了成功。

1908年夏天，丘吉尔在鲁特伦德遇到了一场大火，他戴上消防队员的钢盔指挥灭火，表现得十分英勇。23岁的美丽女子克莱门蒂娜给丘吉尔发了封求爱电报。当年，他们举行了婚礼。

丘吉尔与妻子克莱门蒂娜

第一章 聚焦阿拉曼

保守党人曾利用易党问题向丘吉尔发难，他们出版了一本小册子，节录丘吉尔以前对自由党的主张发表的反对评论。丘吉尔说："我在为保守党工作时，说过很多蠢话，我不想再继续说蠢话，才离开了保守党。"结果，保守党陷入了自设的窘境。后来，丘吉尔重返保守党，出任财政大臣。

1937年5月28日，内维尔·张伯伦继任首相。张伯伦主张推动德国向苏联开战，这样就能消灭苏联，使德国无力与英国争夺利益。

1938年，希特勒要求瓜分捷克斯洛伐克，张伯伦打算满足他的要求。1938年9月底，内维尔·张伯伦前往慕尼黑，参加四国首脑会议，签订了慕尼黑协定，把捷克斯洛伐克的苏台德区割让给德国。几个月后，捷克斯洛伐克被德国吞并。

1939年9月1日，德国入侵波兰，第二次世界大战爆发。

此后，德国吞并了挪威和丹麦，袭击了法国、比利时、荷兰、卢森堡。

1940年春，张伯伦政府下台，英国国王于1940年5月10日下午授权丘吉尔组建新政府。5月13日，丘吉尔在下院发表了演说："我没有别的，只有热血、辛劳、眼泪和汗水贡献给你们。你们要问，我们的政策是什么？我的回答是，投入全部力量进行战争。你们要问，我们的目标是什么？不惜一切代价去争取胜利，无论道路多么艰难。"

丘吉尔组建的政府，除了保守党以外，还有工党和自由党参加。丘吉尔总是在夜间开会；白天，他躺在床上接见来访者，向各部下达命令。

不久，德军突破了英法防线，危及巴黎。

丘吉尔政府急需延长法国的抵抗时间，为英国加强国防赢得时间。英国的陆军很少，但空军强大。丘吉尔数次冒险飞往法国与法国政府会谈。法国人总是要求英国援助飞机，丘吉尔主张法国靠自己的装备作战。英国远征军在1940年遭到惨败。

1940年6月4日，丘吉尔向英国人民发表演说："我们决不投降，我们将不惜任何代价保卫英国。我们将在海滩上作战，在田野和街头作战，在山区作战。即便英国被占领，由英国舰队武装和保护的海外帝国也将坚持战斗。"

丘吉尔希望墨索里尼别站在德国一方。但意大利支持德国，英国又多了一个强敌。

在法国最后挣扎的日子里，为了延长法国的抵抗时间，丘吉尔积极主

1939年，德国闪击波兰，标志着二战全面爆发。图为德军士兵驻守在波兰但泽火车站。

张英法联合起来组成一个统一的国家，迫使法国依靠英国的殖民地同德国作战。然而，1940年6月22日，法国与德国签订了停战协定。英国孤立无援了！

面对德意的进攻，丘吉尔果断确定作战方案：在欧洲采取守势、在非洲采取攻势，尽最大可能将陆军投送到中东和地中海地区。增调至埃及的部队有3个坦克团——皇家第二、第七坦克团和第三轻骑兵团。

丘吉尔坚信，意大利的毁灭是英国在第二次世界大战中能够获得的第一个战利品。

1940年夏天，德军空袭英国，英国空军给予坚决反击，双方损失惨重。丘吉尔政府坚持作战，提高了他在人民中的威望。

丘吉尔动用了各类资源，扩大军火工业，组建民防队，进行军事训练。他设法说服罗斯福，让他相信英国获胜对美国有利，鼓动美国参加对德战争。

英国以租让西印度群岛的基地来换得美国的50艘旧驱逐舰。美国给予了英国在道义上和物质上（武器）的援助。

1940年夏天，丘吉尔派克里普斯为驻苏大使，命令他必须改善英苏关系，劝说苏联参加对德战争。

墨索里尼入侵希腊给英国出了难题。英国面临着是否履行对希腊的承诺。因为前首相张伯伦曾许诺在希腊受到进攻时提供援助。丘吉尔认为英国必须恪守诺言，他打电报给希腊首相迈塔克萨斯："我们将提供一切力所能及的帮助。"

迈塔克萨斯害怕英国的卷入将导致希特勒支持意大利，拒绝了丘吉尔的好意，但后来又接受了丘吉尔的建议。这样一来，英国不得不动用在中东的力量援助希腊。很多人对丘吉尔的决定深感震惊。

1941年春天，希特勒派鲁道夫·赫斯访问英国。丘吉尔派代表与赫斯进行秘密谈判，赫斯建议英德向苏联开战，并建议丘吉尔辞职。

1940年，德国入侵法国时，隆美尔担任第四军团第七装甲师师长，负责突破缪斯河向瑟堡入侵的任务。图为第七装甲师开进法国。

丘吉尔保持沉默，暗示德国人，德军在进攻苏联时能得到英国的某种支援。希特勒和其他领袖都不希望在东西两线同时作战，丘吉尔的态度使他们放心了。

1941年6月22日凌晨，德国向苏联开战。英国广播公司于九时广播了丘吉尔的演讲："我们要给予苏联和苏联人一切可能的援助！"

1941年12月7日，日军偷袭美国海军基地珍珠港，美国参战，英国不再孤军奋战了！

1942年，丘吉尔决定英军主要在中东和地中海地区作战，希望消灭德军主力的任务由苏联承担。斯大林提出英美在欧洲开辟第二战场，丘吉尔想尽办法拖延。

1942年4月，美国总统罗斯福派哈里·霍普金斯和马歇尔将军与丘吉尔谈判。双方商定，于1943年向西欧投入大部队。不久，丘吉尔又反悔了。

1942年6月，丘吉尔怕苏联与德国签订和约退出战争，于是同意1942年内在欧洲开辟第二战场，正式写入英苏联合公报。

托布鲁克陷落时，丘吉尔刚到美国。他与罗斯福正在商讨美英两国1942至1943年的联合作战计划。赴美国以前，北非战事已经向不利于英军的方向发展。丘吉尔曾经致电奥金莱克，命令保卫托布鲁克，奥金莱克做出了保证。

6月21日上午8时，丘吉尔等人在严密的护送下进入白宫。他先用了1小时的时间阅读电报。早餐过后，丘吉尔来到罗斯福的书房里。一会

1941年，德国"非洲军团"开进北非。图为"非洲军团"装甲部队正在休整。

儿，一封电报送到罗斯福手中。罗斯福把电报递给了丘吉尔。

原来，托布鲁克沦陷了。丘吉尔让人打电话去伦敦询问。几分钟后，得到回报：托布鲁克已经陷落，亚历山大港可能遭到严重的空袭。

★罗斯福尽显侠义之情

托布鲁克的沦陷对英军是一大灾难，丘吉尔认为这是奇耻大辱，称其为"粉碎性的和令人无法接受的重击"。

没有什么比罗斯福的同情心和侠义之情更加珍贵了。罗斯福没有责备，更没有说什么讥讽之词。罗斯福总统说，我们能做些什么帮助你呢？

丘吉尔说，请给英国尽量多的"谢尔曼"坦克，尽快把它们运到埃及。罗斯福叫人立即去请马歇尔将军。几分钟后，马歇尔将军来了。罗斯福提出丘吉尔的请求，马歇尔回答说"谢尔曼"坦克刚刚投产，第一批几百辆已经装备给美国的装甲部队，在此以前，他们装备的是落后的坦克。

北非盟军营地中，士兵正在准备午餐。

从军队的手中要走武器,那是很难的事情。不过,如果英国急需,我们一定想办法。

罗斯福和马歇尔信守诺言,将300辆"谢尔曼"坦克和100门自行火炮装上6艘美国最快的轮船,运到了苏伊士运河。

在与罗斯福总统商谈后,丘吉尔立即回到英国。秘书佩克说:"英国的情况很糟糕,应该把问题考虑得严重一些。"

丘吉尔的心情非常沉重,他问道:"保守党那边情况如何?"

保守党很有势力的议员约翰·沃德洛提出一项动议,表示对战时内阁有关战争的决策不予信任。

丘吉尔生气地说:"好吧,就让下院再举行一次信任投票吧。"

佩克小声说:"阁下,您在托布鲁克沦陷前不久刚刚举行过一次信任投票,现在下院再投一次,恐怕不太好吧。"

丘吉尔无可奈何地说:"别说了,我知道,托布鲁克的沦陷引起保守党对我的不满,但我能应付过去的。"

 蒙哥马利入主北非

1942年6月23日，英军第八集团军在马塞马诸附近构筑一道新防线。奥金莱克后来意识到驻守马塞马诸附近，英军面临着被歼灭的危险，遂下令英军退守阿拉曼地区。从此，"非洲军团"与英军在阿拉曼地区展开了消耗战，奥金莱克经常向隆美尔发起进攻。

后来，奥金莱克更加倾向于攻打意军，并取得了辉煌的战果，气得德军大骂："意大利人该尝尝皮鞭的滋味了，6辆英军坦克竟消灭了意军的一个营。这些意大利人在死以前这么胆小，这真是丢尽了罗马祖先的脸面，我们为总司令不得不和意大利部队合作而感到遗憾。"

隆美尔看到，英军正在把意军一点一点地消灭掉，这样下去，德军的力量将会变得更加单薄，从而无力抵御英军的进攻。

德军对阿拉曼防线的进攻完全失败了，隆美尔被迫承认这一点。奥金莱克以超前的战略部署、杰出的指挥才能使英军终于守住了阿拉曼防线。隆美尔的参谋官梅伦廷少校回忆道："不可否认，当时德军已无力抵挡第八集团军的大规模进攻了。"

当时的德军装备、弹药和给养匮缺，兵力严重减员，如果英军在那时组织起一次大规模的进攻，那么沙漠战争就很可能已经结束了。但谨慎的奥金莱克决定暂时停止进攻，整编军队，这就给德军一些时间来休整和补充兵员。德军的给养和新兵是从利比亚首都的黎波里穿越1931公里交通线运来的。

德军和英军在静止不动的阿拉曼防线死死地对峙着，这种阵地战是隆美尔十分憎恨的，但装备优良的英军却擅长打阵地战。德国空军的斯图卡俯冲轰炸机再次轰炸英军阵地，这使德军恢复了一点士气。

第一章 聚焦阿拉曼

埃及阿拉曼港口

当隆美尔听说英军撤离了南部防线的卡雷特拉布特据点时，他又忍不住诱惑了。隆美尔命令第二十一装甲师和意大利"利托里奥"师去占领卡雷特拉布特据点。英军令人不解地撤离了这一重要据点，给了德军一次难得的机遇，于是，德军开始进攻隆美尔认为已经快崩溃的英军防线。

当英军的大炮不断地向北部前线靠海的那一端轰击时，德军意识到他们上当了。原来，奥金莱克将军已经把主力部队调到了北边，先进攻北部前线相对薄弱的意军。

在进攻中，澳大利亚第九师的老兵们从阿拉曼防线的据点中发起了集团冲锋，他们向西冲去，打垮了意大利师，顺着海岸公路把意军追到特勒艾莎高地，又占领了特勒艾莎高地。拼命逃跑的意大利官兵一片混乱，逃到前线后面几公里的隆美尔指挥所，德军将这一情景称为"最后的恐慌和溃退"。

澳大利亚第九师的进攻，使隆美尔失去了德军情报部门在监听英军通讯信息方面表现杰出的"信号窃听部"。"信号窃听部"的指挥官和大多数人员都被击毙，密码本和其他装备都被炸毁了。

第二天，德军发起进攻，德军的目标一直没有变——冲过澳军在特勒艾莎的突击部队，到达海边。然而，在英国皇家空军猛烈的空中轰炸后，澳军在大炮的掩护下再次将德军打退。

在以后的几天中，进攻的组织者在英军和德军之间来回转换，一会儿是进攻者，一会儿又变成了撤退者。奥金莱克逐渐把主力调往防线的中部，那里是胆小如鼠的意军。奥金莱克的妙计奏效，隆美尔被迫用炮轰才挡住了英军强大的攻势，他还被迫把德军和意军编在一起，以加强防御的力量。

7月底，双方的战斗仍未停止。很明显，德军已经无力突破防线了。在英国空军的掩护下，奥金莱克掌握了主动权。隆美尔正在打一场注定失败的消耗战，因为德军的兵员和供给又快消耗光了。

隆美尔被迫命令德军挖壕固守，然后给德军南部空军总司令凯塞林发报，说他停止了进攻。德军原来胜利在望的这次进攻战，现在停止了。记得在6月30日那一天，隆美尔曾有力量把英军歼灭，但那一天一去不复返了。

尽管奥金莱克稳住了阿拉曼防线，但丘吉尔在议会的胜利最后决定了他的命运。

1942年7月2日，英国议会大厦像乱糟糟的农贸市场，议员们三五成群聚集在一起，互相争论着什么。在后座的席位上，保守党财政委员会主席沃德洛在那里等待着，他对自己发起的不信任动议充满了自信。

经过议员们两天的激烈辩论后，该轮到丘吉尔答辩了。丘吉尔再次向议员们展示了他那不容置辩的口才：

"……我们正在为英国的生存而战，为比自己的生命更加宝贵的国家

第一章 聚焦阿拉曼

而战，我们无权假设英国一定能取得胜利。我们只有忠于职守，胜利才会属于我们。下议院的责任在于支持政府，或者替换政府，如果下议院不能替换政府，就必须支持政府……你们有权解除我的职务，你们没有权力要求我担负责任而又不给行使的权力，就如同那位尊敬的议员所说的那样'在各方面受到权威人士的制约'。

……在全世界，在美国，在苏联，在遥远的中国，在每一个遭受法西斯迫害的国家中，英国的朋友都在期待着，在英国是否有一个团结的政府。如果那些反对我的人减少到微不足道的人数，而他们对政府所投的不信任票转变成对这一动议的发起者的不信任票，无可否认，英国的每个朋

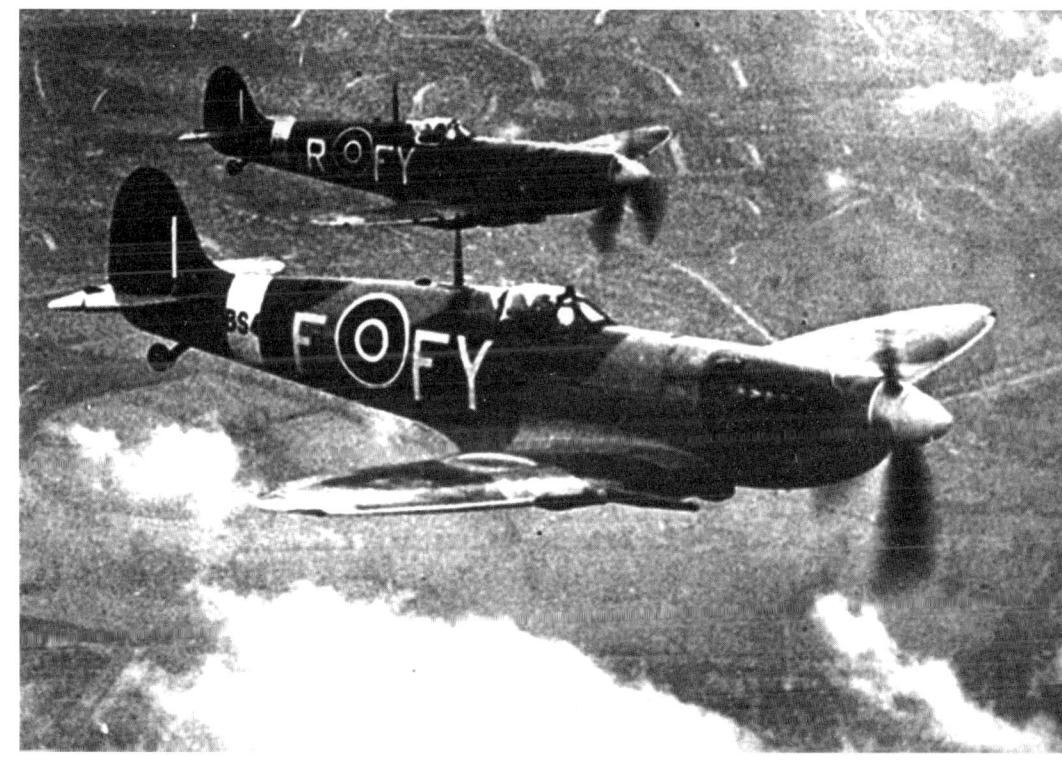

在英军实施猛烈轰炸后，德军的进攻被再次打败。图为正在编队飞行的英军轰炸机。

蒙哥马利、韦维尔及奥金莱克就非洲战况进行讨论（左起）。

友和英国的每一个忠诚的国民都会为之欢呼！"

结果，下议院举行了表决，丘吉尔以自己的坦诚赢得了大家的信任。丘吉尔在议会受到了不信任动议的强烈抨击，好不容易才使自己解脱出来，这一幕回忆起来一直使丘吉尔心有余悸。

虽然丘吉尔以较大的优势赢得了下院的表决，可是英国面临的危机却是很难解决的。当时，通向埃及的道路畅通无阻，隆美尔正指挥"非洲军团"向前进攻，隆美尔对德军官兵们说10天之内就能占领开罗。

奥金莱克被迫为过去几周中第八集团军的接连战败承担责任。丘吉尔不肯原谅他，奥金莱克在英国的声誉也因为他挑选的那些司令官们的失

第一章 聚焦阿拉曼

误而丧失贻尽。丘吉尔认为必须撤换沙漠总指挥官，以此来阻止德军的进攻。作为首相和国防部长的丘吉尔出于国家与个人的考虑，急切盼望打一场胜仗来提高英国的信心、士气和威望。

当时，打败"沙漠之狐"隆美尔成为英国上下一致的心愿。然而，奥金莱克将军在北非却正在准备后退，显然，他不能为大英帝国创造这种胜利。

英军参谋长布鲁克对丘吉尔说："危机已经来了，我必须过去看看，到底哪里出错了。"

丘吉尔首相同意布鲁克的看法，并同他一起来到开罗。经协商，任命第十三军军长戈特将军为第八集团军司令。但是，8月7日，戈特在乘飞机前往北非上任的途中被德机击落，"出师未捷身先死"。于是，刚刚被

英军第八集团军司令蒙哥马利

任命为第一集团军司令不到24小时的蒙哥马利被改任为第八集团军司令。

这是蒙哥马利一生中的最重大转折。阿拉曼战役成就了蒙哥马利,使他成为英国著名军事家、第二次世界大战时期英国陆军最杰出的指挥家。

伯纳德·劳·蒙哥马利生于1887年,于1902年1月进入圣保罗学校读书。他迷上了橄榄球和板球运动,校方在他的评语上写道:"与年龄不相称的落后学生,该生要上桑赫斯特英国皇家军事学院,把握不大,必须努力学习。"这个评语使蒙哥马利感到震惊,开始认真学习。

1907年1月,蒙哥马利考入桑赫斯特英国皇家军事学院。作为平民子弟的蒙哥马利显得很寒酸,他不抽烟,不喝酒,尽量不参加社交活动。他没有什么爱好,专心研究军事。6周后,蒙哥马利升为一等兵。

1908年9月19日被分到皇家沃里克郡团。为了到印度服役,他学会了两门印度土著语言。12月12日,蒙哥马利被派往印度西北边疆白沙瓦的第一营。1913年1月,蒙哥马利担任皇家沃里克郡团第一营助理副官,驻防肖恩克利夫。

1914年8月底,蒙哥马利参加了战斗,他举起指挥刀冲在最前面。1914年10月,蒙哥马利所在部队开往梅特朗。蒙哥马利担任排长,与敌人展开肉搏战,占领了敌人阵地。因伤势严重,他被送回英国。

1915年2月,他被调到驻防曼彻斯特的第一百一十二步兵旅,担任参谋长,后改编为第一百零四步兵旅,编入第三十三师。

1916年1月,第一百零四步兵旅来到法国。1916年7月1日,索姆河战役打响,蒙哥马利负责指挥一个营。英军伤亡惨重。后来,英国动用了秘密武器——坦克。

1917年4月,阿拉斯战役打响。德国的兴登堡防线十分坚固,英军第三十三师北翼突入。蒙哥马利在第三十三师任二级参谋。英军伤亡惨重,蒙哥马利研究统一指挥、使用炮兵火力、空中侦察和如何获得准确情报等问题。

第一章 聚焦阿拉曼

9月初,蒙哥马利主抓训练,起草第九军秋季攻势指示:以弹幕掩护部队进攻,以部队交替跃进;应付德军的反击;地面部队和侦察机的通讯;特种部队的训练;情报的运用;等等。

经过准备,英军发动了3次秋季攻势,攻占了所有的预定目标,蒙哥马利一鸣惊人。10月底,蒙哥马利升为第九军一级参谋。

1918年7月16日,他升为战时中校,在第四十七伦敦师任一级参谋。他制定了第四十七师防御计划。9月,蒙哥马利训练全师官兵。11月11日,第一次世界大战结束。

1919年3月,蒙哥马利到达科隆,担任驻德国科隆明火枪联队第二指挥官。1920年1月,蒙哥马利进入坎伯利参谋学院,他很少参加社交

英军士兵埋伏在路旁准备阻击德军

活动，刻苦学习军事。一年后，蒙哥马利被派往驻科克的第十七步兵旅，担任旅参谋长。

1923年，蒙哥马利在德文郡港为年轻军官开办"参谋学院预备班"。1925年3月，蒙哥马利回到沃里克郡团第一营担任A连连长。1926年1月，蒙哥马利在参谋学院担任教官。1929年2月21日回到沃里克郡团第一营报到，担任本部连连长。1930年，陆军部派他编写步兵训练手册。

1930年7月10日，蒙哥马利回到沃里克郡团第一营。1931年1月，升为营长。他率部队开往巴勒斯坦，成为驻巴勒斯坦英军指挥官。1931年底，蒙哥马利移防埃及亚历山大港。

1934年6月29日，蒙哥马利赴奎达参谋学院担任首席教官。1937年8月，蒙哥马利担任在朴次茅斯的第九步兵旅旅长。

1938年10月，蒙哥马利来到巴勒斯坦，指挥第八师。1939年8月，蒙哥马利任驻英格兰地区的第三师师长。1939年9月，蒙哥马利率第三师到达法国，被编入第二军。蒙哥马利和军长布鲁克清楚，德军的进攻是早晚的事情。

1940年5月10日拂晓，德国不宣而战，从瑞士边境到北海岸边800公里的西方战线上，发动了空前规模的"闪电战"攻势。

当德军轰炸机对荷、比两国的飞机场、重要桥梁、铁路和仓库进行狂轰滥炸的时候，在马奇诺防线驻守的英法士兵还在睡梦之中，殊不知德军的坦克已经冲进荷、比国境。如果不是德军同时对法国进行了闪电攻击，真不知他们的美梦还要持续多久。

当英法士兵睁开睡眼的时候，德军飞机已经铺天盖地而来，迅速袭击了法国的加来、敦刻尔克、贝尔克、阿尔卑来赫、梅斯、埃塞-南锡、布龙、沙托鲁机场和瓦尔达宏军营。当天，卢森堡就投降了。

第一章　聚焦阿拉曼

★蒙哥马利参加敦刻尔克大撤退

1940年5月，蒙哥马利的第三师奉命作为第二军的先头部队，进驻比利时。

5月11日傍晚，德军的装甲部队已全线突破了英、法、比军队的防线。5月15日上午11时，荷兰投降。短短5天，荷兰就被德国征服了。早晨7时半，刚在5天前出任首相的丘吉尔被电话铃声惊醒。法国总理雷诺告诉他："我们被打败了！"

号称欧洲最强大的法军竟如此不堪一击！英国的陆军少得可怜！丘吉尔无论如何不相信自己刚刚上台，就遇到这么棘手的难题。

由于法军突然溃退，英军的右翼出现了缺口。蒙哥马利的第三师顽强坚守卢万，伤亡较大。

德军 Bf-109 轰炸机

5月21日，英法联军在阿拉斯附近，组织了一次有限的反击。2个英军师和1个装甲旅曾迫使德军向南收缩了几公里。当法军的两个师稍后向此地反击时，英军却停止了反击，朝着海岸撤退了。

在这里，英军每天所需的2000吨弹药及补给品全部经加来和敦刻尔克等沿海港口运来，但这些港口正在遭到严重的空袭。英法联军的几十万人，被德军包围在敦刻尔克地区。

5月27日，比利时军队防线全面崩溃。5月28日，比利时投降。

5月19日，英国陆军部会议决定：必要时在加来、布洛涅和敦刻尔克撤退。

从5月20日起，以一天2000人的速度回撤；从5月22日起，撤离1.5万名后勤人员，最后是战斗部队大规模后撤。

为防万一，英军要求海军部尽早做好撤退的准备，并指示在多佛基地任职的伯特伦·拉姆齐海军中将负责指挥这次行动。

5月21日，形势更趋恶化，为加强撤退的准备工作，上级部门拨给拉姆齐30艘渡船、12艘蒸汽渔船和6艘海货船。

5月22日，情况发生剧变，加来和布洛涅港受到德军装甲部队的围攻，只剩下敦刻尔克了。

5月26日晚6时57分，英国海军部下达了"发电机"行动的命令，英法联军的撤退行动开始。

5月29日，蒙哥马利奉命率第三师撤退到敦刻尔克海滩东面的周围阵地，去填补中央防线的空隙，抵挡德军4个师的进攻。炮兵和工兵都被当作步兵，加强防线。

5月30日，布鲁克奉命返回英国，蒙哥马利升任第二军军长。

海上波浪滔天，天上德机正在俯冲轰炸扫射，德军装甲车正在轮番冲锋，挤满敦刻尔克滩头和海港的英国远征军命悬一线……在危急关头，第二军军长蒙哥马利的越权建议，改变了几万人的命运。蒙哥马利向英国远

第一章 聚焦阿拉曼

征军司令戈特提出,派第二军第一师师长亚历山大留下来,负责最后的撤退工作。

6月1日午前,蒙哥马利率第二军成功地离开法国。

6月2日黄昏时,亚历山大成功撤出第一军,履行了自己的承诺。英军后卫部队全部回到英国。

至6月4日下午,除了没来得及撤出的法军第一集团军的4万人投降外,共有33.8226万名英法士兵撤出了敦刻尔克,其中有21.5万名英国人,12.3万名法国人和比利时人,有5万人是由法国海军救出的。撤退中被击沉的各种船只共243艘,其中英国的226艘,法国和比利时的17艘。英国远征军丢下1200门火炮、1250门高射炮和反坦克炮、6400支反坦克枪、1.1万挺机枪、7.5万辆摩托车和180架飞机。

历时10天的敦刻尔克撤退行动的成功,对德国最高统帅部来说是一次严重的教训,但对英国、法国来说,它"完全不是什么胜利,而仅仅是侥幸地避免了可能发生的灾难。"

此时,蒙哥马利率第三师转移到英国南海岸,就地构筑防线。7月21日,蒙哥马利升任第五军军长。他对部队进行艰苦顽强的训练,懒惰和不称职的军官都被撤职。蒙哥马利命令所有家属都必须离开部队。

1941年4月,蒙哥马利担任第十二军军长,防守东海岸。他又开展了几次大规模的军事演习。1941年底,蒙哥马利任英国东南集团军司令,下辖第十二军、加拿大军和某些地方部队,负责英国本土的防御工作。

1942年7月,"沙漠之狐"隆美尔指挥"非洲军团"攻打阿拉曼防线彻底失败,双方形成了僵持态势,隆美尔和德国最高统帅部已经决定放弃进攻。然而,急于攻占阿拉曼防线,并想一举扭转战局的希特勒不甘示弱,要求隆美尔继续攻打阿拉曼防线。意大利统帅部也要求隆美尔不管遇到多大的困难也不要撤退。德军兵临阿拉曼,在伦敦引起轩然大波。

1942年8月,英国将军哈罗德·亚历山大飞抵开罗,亚历山大是敦刻尔克大撤退中最后一个离开海岸的司令官。他具有杰出的军事指挥才能。

亚历山大前来接任奥金莱克的中东英军司令职务。随他一起来的是陆军中将伯纳德·蒙哥马利将军,蒙哥马利接任第八集团军司令。

军官们对蒙哥马利的评价为:性格急躁、十分健谈、为人冷漠、不入俗套。蒙哥马利的性格与亚历山大大相径庭,但这并没有影响他们之间那种高效的合作关系。

1942年8月,蒙哥马利指挥北非第八集团军,建立了一支装甲后备军和一支装甲军。

蒙哥马利有一个坚定的信念,即如果让士兵使出最大的力量,必须使

从敦刻尔克撤退的英军士兵

他们绝对信任指挥他们战斗的人；一个指挥官的成败决定于他的能力，即被部属所公认的能力。

蒙哥马利来到北非之后的最重要的事情就是"让士兵使出最大的力量"。

1942年8月12日晨，蒙哥马利走马上任第八集团军司令，他在开罗机场走下飞机时，英军第八集团军的军事机关正忙于焚烧档案，以备撤退。而亚历山大港的英舰已经离开了那里。

蒙哥马利到达司令部后，立即宣布取消所有准备撤退的命令。

蒙哥马利准备做四件事：一是树立他的形象，恢复全集团军的信心；二是审查指挥机构，砍掉普遍存在的"朽木"；三是建立与他性格和作战理论相适应的指挥系统；四是对付隆美尔。

按理来说，对付隆美尔才是最重要的事情，但却排在了最后。这充分显示了蒙哥马利的才能。因为前三个问题才是英军屡吃败仗的主要症结，只有解决症结，才能对付隆美尔。

为树立自己的形象，8月13日下午，蒙哥马利向第八集团军全体参谋人员作了讲话。

他的讲话和"决不后退"的命令很快传开了，初步稳定了军心。

蒙哥马利迅速、公正地撤换了一些"朽木"，如科贝特、史密斯、伦顿……换上了一些年轻有为的人，调奥利弗·利斯来接管北面的第三十军，调霍罗克斯来接管南面的第十三军，调柯克曼准将为炮兵指挥官。

实践证明，蒙哥马利的这些决策是极其正确的。

蒙哥马利深入到广大官兵中间，阐述作战主张。他还改革了第八集团军司令部，既摆脱了忙碌得像蜂房一样的司令部工作，又使他能与实际指挥战斗的将军们保持密切的接触。

做完这些事情后，蒙哥马利才开始认真研究他的对手隆美尔。

 隆美尔坚守待援

1941年8月以后，英军从英国、印度和澳大利亚得到了大量兵力和装备，还从美国得到了"谢尔曼"坦克和美式卡车的援助。隆美尔的部队并未得到任何增援，"非洲军团"的处境越来越艰难。

"谢尔曼"坦克即美国M4中型坦克，是二战中的著名坦克，也是二战中产量最多的坦克，总产量为4.9万多辆。在二战的盟军坦克战中，M4坦克发挥了巨大的作用。

★ "谢尔曼"坦克

早在1940年8月19日，美国就开始了研制新型坦克。由于M3"格兰特"火力不足，美军要求把75毫米火炮装到炮塔上。1941年9月，这种坦克被命名为M4"谢尔曼"中型坦克。M4是在M3坦克的基础上研制的，它们在底盘布置和行动部分十分类似，最大区别就是炮塔，M4坦克的炮塔是整体铸造的，尺寸比M3大得多。

M4坦克装备一门M3式75毫米火炮，能够发射穿甲弹、榴弹和烟幕弹。M4系列坦克有各种改进型车，装备4种不同的发动机，机械式变速箱，行动部分为平衡式悬挂装置，每侧6个负重轮，主动轮在前面，诱导轮装在后面。

M4系列坦克非常繁杂，其改进型车、变型车和实验型车有50多种。其中，最著名的是M4、M4A1、M4A2、M4A3、M4A4、M4A6，主炮为75毫米、76毫米、105毫米。

M4的火力虽略逊一筹，但它十分坚固、性能可靠。在二战中，M4坦克是美军主力坦克。美军没有像德军和苏军那样装备大量重型坦克，有

第一章 聚焦阿拉曼

1942年，当M4"谢尔曼"坦克装备英军部队后，德军仍然使用落后的三号、四号坦克。图为德军三号坦克。

时M4也当重型坦克使用，但M4不能胜任这一历史使命。

从1942年起，M4一批批地装备给部队，为的是尽早替换M3。M4坦克第一个大显身手的战场正是北非战场。当英军撤到阿拉曼，已经没有退路的时候，300辆"谢尔曼"坦克快速装备给英军第八军。

在阿拉曼战役中，曾经在沙漠中所向无敌的德国三号、四号坦克被摧毁200多辆。隆美尔的部队元气大伤。从此，不管是在欧洲战场，还是在太平洋战场，到处都能看到性能先进的"谢尔曼"坦克。

M4"谢尔曼"的优势在于十分可靠、容易维护、耐久性强。在它的炮塔上可安装60管114.3毫米火箭发射器，还可安装喷火器，变成喷火坦克。另外，也可以安装105毫米榴弹炮，是对付步兵部队的强大武器。

二战后期，美国主要生产装备76毫米长身管高初速火炮的M4A3。M4A3的缺点是火力、防护能力与德、苏中型坦克有很大的差距。它使用汽油发动机，发动机附近的装甲防护弱，与德军交战时容易中弹起火。美军给它起名为"Ronson"（某名牌打火机）。

M4是二战中性能优秀的中型坦克之一，且其数量庞大。巴顿将军指挥下的美军装甲部队主要装备的就是M4坦克。

M4"谢尔曼"坦克有很多设计优点，采用的是当时最先进的技术，其动力系统比苏联坦克还耐用，德国坦克在这方面更是比不上它。德国虎式和豹式坦克每行驶1000公里，必须运回修理厂大修。M4"谢尔曼"坦克只需简单维护就行了。由于性能可靠，M4"谢尔曼"坦克的出勤率远远超过德军坦克。

M4"谢尔曼"坦克的生产公司也是二战时期最优秀的公司。美国生产坦克的厂家为通用、福特、克莱斯勒等汽车公司，均采用亨利·福特发明的生产线原理，既能大批量生产，又能大幅度降低成本。美国在二战期间生产了各种装甲车辆28.7万辆。M4"谢尔曼"坦克的尺寸是按照美国"自由轮"船舱设计的，方便海上运输。

M4"谢尔曼"坦克采用当时最先进的技术。它的炮塔转动装置是二战时期最快的，可在10秒内转动一圈。在二战中，只有M4"谢尔曼"坦克装备了先进的火炮垂直稳定仪，可在快速奔行中瞄准目标射击。M4"谢尔曼"的汽油发动机是二战中最优秀的引擎之一，可快速启动，并且该坦克的速度达47公里每小时。

1942年春季，M4"谢尔曼"坦克出现在北非战场时，德军的坦克仍然是落后的三号、四号坦克，结果M4"谢尔曼"坦克拥有绝对优势。英军在阿拉曼战役中大量使用M4"谢尔曼"坦克。战役结束后，隆美尔在日记中写道："谢尔曼坦克比我所有的坦克都要先进。"

第一章 聚焦阿拉曼

英国"玛蒂尔达"坦克正在行进

隆美尔向统帅部请求增援，然而苏军的顽强抵抗使德军的主要兵力都牵制在苏联战场，只有少量的部队增援北非。这时的隆美尔仍未认输，他在白天到处巡视前线，巡视每支部队。每当夜幕降临后，他开始阅读来自各方的情报。

隆夫尔经常感觉头部隐隐作痛。从1942年8月2日以来，他感到很不舒服，但他没有太在意，因为每个来到非洲的人，在待上一段时间以后，都会患上一些小病，坚持下去就能适应了。

8月19日，参谋们发现隆美尔经常头痛感冒、咽喉肿痛。参谋们认为可能是流感。后来，隆美尔病倒了，参谋们叫来隆美尔的私人医生霍尔斯特。

霍尔斯特说："隆美尔患了严重的低血压，还有昏眩的症状，这是因为长期的营养不良导致的胃病和肠功能紊乱造成的。"

隆美尔估计英军很快就会强大到把"非洲军团"淹没的地步。他希望远在斯大林格勒作战的德军早点打败苏军，然后通过外高加索，进攻伊朗和中东地区。这将迫使大量英军从埃及调到波斯去防守，因此将大大缓解英军对"非洲军团"的强大压力。到那时，他就会催促德军统帅部向非洲部队提供增援。最终，非洲部队就会与苏联南部的德军南北夹击，歼灭北非和中东的英军。

当时，隆美尔的"非洲军团"每天都在加强防御力量。他们布设了50多万颗地雷，主要是反坦克地雷，目的是阻挡英军的"谢尔曼"坦克。

此时，"非洲军团"只剩下2个德军装甲师和1个德军摩托化步兵师，还有一支同样多的意军。隆美尔把德军和意军交替部署在阵地上。由于英军的欺骗战术迷惑了隆美尔，隆美尔不知道英军会从哪里发动进攻，被迫在整个前线都部署了军队。结果，这种做法延长了隆美尔集结兵力抵抗英军进攻的时间，同样消耗了大量的燃油，这正是德国缺乏的。

1941年8月25日至9月17日，英苏联军进攻伊朗。伊朗自古以来就是英俄争夺的主要对象。从1907年起，英俄就开始了对伊朗的争夺，当时的德国和土耳其则支持伊朗。

1915年4月，德国驻波斯（伊朗）布什尔城的领事瓦思穆斯，支持波斯南部的游牧部落建立了游击队，歼灭了法尔斯省的英军，占领了设拉子城。在德国和土耳其的支持下，伊朗西南部的阿拉伯游牧部落切断了几处主要输油管道，使英波石油公司的石油运输中断了4个月。

为了瓜分伊朗，英俄共同出兵伊朗，于1917年4月2日在伊朗的克尔曼沙赫会师。

第一章 聚焦阿拉曼

一战结束后，波斯的哥萨克旅副旅长礼萨·汗在1921年发动兵变，推翻了恺加王朝。1924年，他建立巴列维王朝。从此，伊朗与德国建立了亲密的盟友关系。

1925年，伊朗空军向德国容克公司购买了3架Ju F-13型飞机。1927年，德国汉莎航空公司获得在伊朗专营邮政运输的特许权。1928年，德国公司承包修建了伊朗北方铁路的巨大工程。1930年，伊朗大量引进德国技术专家，进行现代化建设。

1933年1月30日，希特勒上台。这时的希特勒感到孤立无援，他非

英国空军飞机准备起飞，对伊朗实施空袭。

常渴望拥有强大的盟友，妄想用德国的先进技术和专家来促进伊朗的现代化。从此，德国宣传部门大力宣传德意志人和伊朗人均属于雅利安人，两国应该共同反对英国的奴役，反对犹太人的共产主义扩张。德国利用伊朗来威慑英属印度和苏联的南方。伊朗利用德国来对抗仇敌英苏。

自此，德伊关系日益亲密。1936年，在伊朗的德国工程师超过5000人。伊朗军队全部装备德式火炮、步枪和手枪等各类武器。德黑兰大学和其他大批高等院校均聘请德国人管理。德国汉莎航空公司开辟了从柏林至德黑兰的直航线路，大量伊朗学生赴德国留学。德国向伊朗国家图书馆捐赠大量图书，还在德黑兰成立宣传中心。

德国和伊朗的经济合作日益密切。1937年，伊朗成为德国的第二大贸易伙伴，仅次于苏联。1938年，伊朗成为德国的第一大贸易伙伴。德国向伊朗大量进口羊毛、棉花、铅矿、锡矿、水果、皮货等。伊朗向德国大量进口机器、电讯器材、汽车、铁轨、铁路设备、化工产品和药品等。

1939年9月，二战爆发。从此，英国对德国实施海上封锁，伊朗与德国的贸易曾经中断，后来两国经过苏联开展贸易。

1941年春季，德国几乎征服了整个欧洲。4月1日，伊拉克军队发动政变，废黜了首相和摄政，拉希德·阿里上台执政。新政府得到德、苏、意、日、沙特阿拉伯的承认。伊拉克与德国恢复外交关系，并要求英军撤离伊拉克。为维护英国在中东的利益，4月18日，英军第十印度师1个旅和1个炮兵团在伊拉克巴士拉登陆，在外约旦的英国"阿拉伯军团"也攻入伊拉克。

5月，德军占领克里特岛，接管了法国殖民地叙利亚的机场。这时，英国在近东和中东受到巨大的威胁。

5月2日，大批英国飞机轰炸了伊拉克军队。接下来的两周中，大批英军不断在巴士拉登陆。5月29日，英军攻下伊拉克首都巴格达，拉希德·阿里政府成员纷纷逃往伊朗、叙利亚和沙特阿拉伯。

占领伊拉克的英军任务是保障伊拉克向盟国供应石油。1941年5月底,英军驻印度总司令奥金莱克和中东英军总司令韦维尔将军在巴士拉会谈,讨论占领中东的计划。6月初,英军和自由法国的部队占领叙利亚和黎巴嫩。

1941年6月22日,德国向苏联发动突袭。为了对付共同的敌人,7月12日,英苏达成协议,两国在对德战争中互相援助,绝不单独媾和。英国同意向苏联援助大批军火和药物。

当时,苏联在远东的港口都处在日本海军的威胁下,日本早在1940年9月就与德国结成了军事同盟,但日本还没有参战。这些港口远离苏联西部,漫长的西伯利亚铁路运力不足。

伊朗国王礼萨·汗

盟国通过北冰洋向摩尔曼斯克输送援助物资变得十分困难，满载军火的船只受到驻守在挪威的德国潜艇和飞机的袭击。当时的摩尔曼斯克港口很小，铁路运输也不方便。

盟国通过地中海和黑海向乌克兰运送援助物资更加危险，中立国土耳其封锁了达达尼尔海峡，盟国护航队如果强行通过，一定会遭到土耳其海岸炮火的袭击，很可能导致土耳其的参战。

结果，在1941年夏季，盟国只有一条可以使用的援苏路线，即从波斯湾港口出发，经过伊朗的铁路，到达巴库和里海。显然，伊朗成为问题

伊朗的地貌大多是由高原、盆地或山脉所构成，只有在海边的一小部分是平原。

的关键。但伊朗国王没有发现这一点，结果酿成了大错。

1941年7月18日，英苏两国联合照会伊朗政府，要求驱逐德国人。伊朗政府回复说，伊朗的工业部门急需德国专家的指导，在短期内无法找到替代者。而且这属于伊朗的内政，外国无权干涉。

8月16日，英苏再次向伊朗发出照会："必须驱逐所有的德国侨民，他们都是特务。"伊朗政府回复说："在伊朗的德国侨民只有470人，而在伊朗的盟国侨民是德国侨民的几十倍，德国侨民不会对伊朗造成任何威胁；中立的葡萄牙没有驱逐德国侨民，瑞士、瑞典和美国也没有驱逐德国侨民。如果伊朗把这些德国侨民驱逐出境，就违反了中立原则。"

8月23日，伊朗国王向美国求援，请求美国制止英苏对伊朗的无理要求。美国驻伊朗大使劝说伊朗加入盟国，向德国宣战。伊朗国王表示伊朗将严守中立原则，不会向任何一方宣战。不久，伊朗国王命令驻伦敦大使询问英国真正的意图和要求，但英国不予理睬。

在英苏两国日益强大的压力下，伊朗决定遣返德国侨民。伊朗外交部通知德国，表示伊朗决定遣返德国侨民，德国侨民将经过土耳其返回德国。然而，这些德国侨民还未动身，英苏的联军就开始进攻了。

在英苏联军进攻之前，伊朗陆军只有12万人，下辖两个装备105毫米火炮的王家近卫师（驻德黑兰）、9个普通师（分别驻在6个军区，其中5个师驻在北方防备苏军，4个师驻在南方防备英军）、5个宪兵旅，以及1个机械化旅（装备AH-IV和TNH坦克，若干英式装甲车和美式装甲车）。

伊朗空军约有400架飞机，分为8个大队。

伊朗海军在里海有2艘炮艇、5艘鱼雷艇、1艘武装拖船和1艘武装游艇；在波斯湾有2艘炮舰、4艘炮艇、3艘鱼雷艇和1艘拖船。

英军有第八和第十印度师、第二印度装甲旅、第九装甲旅和第二十一印度步兵旅。苏军在外高加索和中亚军区有第四十四、四十七和第五十三军。

北方战线的情况是这样的：1941年8月25日凌晨0时，2000人的苏军摩托化部队在阿塞拜疆南部纳希切万地区渡过阿拉斯河，进攻伊朗，一举攻占了马库、霍伊，继续向东进军。

另一支2000人的苏军沿里海南岸向东进攻伊朗，攻下恩泽利港和拉什特，到达加兹温城郊外，不久在那里与第一支苏军会师。

第三支苏军约有1000人，他们在沙赫港登陆，占领了戈尔甘和呼罗珊省北部，随后抵达塞姆南和沙赫鲁德。

苏军大批飞机在进攻当天轰炸了大不里士、拉什特、加兹温和雷扎耶。第二天，苏军飞机轰炸了伊朗首都德黑兰郊区。毫无防备的伊朗北方

1941年4月，时任中东英军总司令的韦维尔将军（右）与奎南中将正在讨论当时局势，此时占领伊拉克的英军由奎南中将指挥。

第一章 聚焦阿拉曼

军队大部分在军营里被苏军缴械。校级以上的军官和情报官员被苏联内务人民委员部带走，从此下落不明。一些伊朗官兵趁黑夜逃到附近躲藏。一些地方部落趁机举兵，在苏军的支持下控制了北方地区。

南方战线的情况是这样的：8月25日凌晨4时，英澳联合舰队悄悄驶入卡仑河口附近的沙普赫尔港。这支联合舰队有"亚拉"号炮舰、"法茅斯"号护卫舰、"卡宁布拉"号辅助巡洋舰、1艘炮艇、2艘武装游艇和2艘武装客船。

港内的伊舰毫无防备，英澳联合舰队司令哈林顿下令开炮。"亚拉"号击中伊朗最大的军舰——"虎"号炮舰，使其受到重创。"亚拉"号首先冲入卡仑河航道，轰击其他的伊朗炮艇。伊朗海军实力太弱，水兵们纷纷弃船逃跑。凌晨5时30分，英澳舰队上的部队全部登陆，攻下该港。

在沙普赫尔港，有5艘德国货船和3艘意大利货船。当英澳舰队进攻沙普赫尔港时，两艘德国货船的船员们开始炸船。其中1艘在爆炸以前被澳大利亚士兵俘获，另1艘德国商船爆炸了，但沉船的位置选择失误，未能阻住河道。其他轴心国货船均被英军俘获。

在阿巴丹港，英国的"肖汉"号炮舰击沉了伊朗"豹"号炮舰，港内的其他伊朗军舰不是被英舰队击沉，就是被俘获。"亚拉"号和"卡宁布拉"号驶往阿巴斯港，在那里俘获了意大利商船"希尔达"号。

8月25日，英国空军的一队轰炸机偷袭了伊朗阿瓦士机场，停在机场的伊朗飞机被炸毁。8000多名英军乘船沿卡仑河北上，经过1天的战斗后攻下阿瓦士。

还有一支英军从伊拉克的哈纳根出发，于8月25日凌晨4时进攻伊朗，在克尔曼沙赫一带遭到伊朗军队的阻击。4天后，这支英军攻下克尔曼沙赫油田。伊朗南部的所有空军基地均被英军占领，伊朗空军官兵被解散。

8月25日凌晨，伊朗国王听说英苏南北进攻的消息，马上向苏联大

图说 二战战役 浴血阿拉曼

从伊朗北部向苏联运送作战物资的列车

使和英国大使表示屈服。但英苏两国的答复是：两国将继续进攻。

8月27日，曼苏尔首相被伊朗国王罢免，新首相命令伊朗军队投降。8月30日，英苏要求伊朗将德国侨民驱逐出境，德国外交人员除外。英苏还要求伊朗为盟国借道其领土运输战争物资提供方便。

8月31日，英苏两国要求伊朗把德国侨民移交给苏军和英军。9月9日，伊朗同意了英苏两国的条件。9月1日，英国和苏联向伊朗发出最后通牒，要求伊朗在2天内关闭德国、意大利、罗马尼亚和匈牙利使馆，移交德国侨民，否则英苏联军将消灭伊朗。

9月16日，英苏军队推进到德黑兰附近，伊朗国王被迫退位。伊朗国王退位后离开德黑兰，经过伊斯法罕到达阿巴斯港。在上船前，伊朗国王派人挖了块伊朗泥土，装入一个小包带走。这只船开到印度孟买后驶往英属毛里求斯岛。由于患晚期动脉硬化，伊朗国王赴南非治疗。1947年，他在约翰内斯堡病逝。

9月17日，英苏联军攻入德黑兰，占领伊朗全境。很快，在伊朗的德国人全部被捕，一半被苏联押解到西伯利亚；另一半被英国押解到澳大利亚。同一天，英苏两国将21岁的王储穆罕默德·礼萨·巴列维扶植成新国王。

1942年1月29日，伊朗被迫与英国和苏联签署了三国同盟条约："英苏两国军队是驻扎在伊朗，而并非军事占领；英苏保证尊重伊朗的主权、独立和领土完整，并保证在对德战争结束半年内从伊朗撤出英苏联军；伊朗将所有公路、铁路、江河、机场、港口、输油管、电话、电报和无线电设施移交给盟军管理；盟国保证伊朗不被英国和苏联瓜分。"

在英占区，英国肃清伊朗南方的德国间谍和亲德酋长，大力支持各地的起义，以对抗德黑兰中央政府。在苏占区，苏联赶走了伊朗北方各省的伊朗总督，用亲苏人士代替，苏占区几乎成为"国中之国"。苏联大力支持伊朗人民党在北方发展势力，为战后武装夺取南方政权创造了条件。

英国和苏联有上万辆卡车，后来美国又运来了大量新火车头和车皮，但伊朗的4000辆卡车和铁路货车仍被英国和苏联无偿征用。伊朗北部的小麦、稻米和棉花均被苏联运回国内。英国和苏联强迫伊朗国家银行发行7亿里亚尔的纸币给盟军发饷，结果伊朗货币一天就贬值了20%。在伊朗，大米、砂糖、茶叶、棉毛织品和其他生活必需品均实行定量配给，英国和苏联将配给票证发给各地的部落酋长，部落酋长们用这些票证牟取了巨额现金，以对抗德黑兰中央政府。

美国参战后，大力在伊朗培植亲美势力。同时，美国工兵部队大大改善了伊朗的铁路和公路网，把更多的军需品、交通工具和药品运到苏联。

伊朗多次根据美国的租借法案获得药物、金属产品、轮胎、化学制品和农具的援助。伊朗还得到了来自美国的大量粮食和武器，价值高达

4500万美元。美国派3万人帮助伊朗扩建波斯湾和霍尔木兹海峡的港口，修建大量的新公路和机场。

1942年5月，美国向伊朗派遣了大批财政专家，帮助伊朗政府兴建现代海关和工业，建立会计和审计制度，并帮助伊朗平抑物价。美国还派军事顾问帮助伊朗政府重组军队，同时还派宪兵代表团，帮助伊朗建立宪兵部队。

二战结束后，在美国的坚持下，美国和英国分别在1945年6月10日和9月25日开始从伊朗撤军。苏联在阿塞拜疆人和库尔德人聚居地区扶植了"阿塞拜疆民主党"和"库尔德斯坦民主党"。1945年12月，这两个党先后成立人民共和国，从伊朗分裂出去。

1945年11月24日，美国要求苏联撤军。但苏联拒绝撤军，美国马上停止从伊朗撤军，并增派3000人的部队进驻阿米尔阿巴德，英国也增派3支部队进驻伊朗中南部地区。

1946年1月25日，伊朗在首届联合国大会上向苏联提出控告，指责苏联分裂伊朗，要求联合国进行制裁。

1946年3月2日以前，美军和英军全部撤离伊朗。苏军趁机兵分三路，分别开往德黑兰以及苏伊土边境、伊朗－伊拉克边境。苏军要求土耳其割让阿尔达汉和卡尔斯地区。

3月21日，美国总统杜鲁门向苏联下达最后通牒，要求苏联撤兵，否则美国将作出反应。3月25日，为了避免世界大战，斯大林宣布苏军将在6周内撤出伊朗。最终，苏军于9周后的5月25日全部撤出伊朗。

英军奋战哈勒法山

阿拉曼防线地势复杂，英军守卫严密，很难攻打。阿拉曼防线北临地中海、朝南蜿蜒64公里到达盖塔拉洼地的盐碱滩。阿拉曼防线没有装甲部队能够绕过的开阔地带，又很难从正面突破。

经过认真研究，隆美尔发现战局对他非常不利。但由于两国统帅部的不断施压，隆美尔不顾官兵疲惫、给养匮乏以及燃料缺乏的不利情况，决定执行命令。

面对着补给艰难的残酷现实，德军在草原经过休整后，隆美尔准备再次攻打阿拉曼防线，占领苏伊士运河。隆美尔认为，若不趁着目前双方兵力尚处于均势的机会组织进攻，到时恐怕会失去向开罗进军的最后时机。隆美尔宁愿冒着巨大的风险，也不想失去这个机会。同时，隆美尔认为德军不能给英军更多的时间积蓄力量，德军必须进攻。

于是，隆美尔计划以哈勒法山为突破口，从哈勒法山以东率军北上，再向贝尔哈凯姆方向进攻海岸。接着，横扫英军防线，摧毁英军第八集团军，粉碎阿拉曼防线，占领苏伊士运河地区，扭转不利的局势，为占领开罗打通道路。

隆美尔的军事部署是大胆而新奇的，他命令德军第一百六十四师和意军的"特伦托"师和"博洛尼亚"师通过进攻来牵制阿拉曼防线北部的英军第三十六军。再以德军第九十装甲师、第十五装甲师和二十一装甲师、意军摩托化军（下辖"埃里特"师和"利托里奥"师）、"富尔戈雷"师和侦察大队，朝阿拉曼防线最南端的据点希迈马特的英军第十三军发动主攻。

隆美尔为"非洲军团"的进攻计划积极准备。希迈马特是英军防御的

薄弱处，阵地前只有雷区进行了封锁。隆美尔的作战目的是，从南端冲过英军防线，部分兵力向东进发32公里抵达左侧的哈勒法山，再绕过山脊，对英军的主力部队形成包围，然后发起进攻。同时，部分兵力向北到达海岸，再向东进攻，切断英军的补给线，使英军原地固守，坐以待毙，或者朝西突围，退出埃及。

隆美尔的军事计划可以说是天衣无缝的，然而他并不知道等待"非洲军团"的将是命运的安排。

★ "非洲军团"面临的形势严峻

据英国"超级机密"所提供的重要情报，英军第八集团军总司令蒙哥马利对隆美尔的作战计划已经了解，正在积极准备应战，决定调重兵坚守战线南端和哈勒法山地。

当时，英军的主要部队为8个师。北部阵地由第九澳大利亚师的主力坚守特勒埃萨突出部，第一南非师坚守第九澳大利亚师的阵地与鲁瓦伊萨特岭之间的地区，第五印度旅坚守鲁瓦伊萨特岭阵地，岭南的第二新西兰师坚守代尔穆纳西卜高地，第四十四师和第二十二装甲旅坚守哈勒法山，第七装甲师藏在东南部，作为预备部队。

英军官兵士气旺盛，积极准备迎击"非洲军团"，一旦"非洲军团"发动进攻，马上给予痛击，让"非洲军团"失去还手能力。另外，蒙哥马利派人布设了6个连在一起的地雷区，修筑了坚固的炮台。

英军的每个步兵师都装备了威力更大的新式6磅反坦克炮。英军部署在防线前沿的713辆坦克中，其中有164辆是美制坦克，这些美制坦克装备了性能优良的75毫米炮。

当时，双方的实力对比是英军远远强于德军。英军的坦克比"非洲军团"多了五分之一，飞机比德军多了4倍。8月，英军获得的补给是"非洲军团"的10倍。当时，英军的装备和官兵的素质都超过了非洲战争以

第一章 聚焦阿拉曼

英军装甲部队正在行进。

来的任何时候,而"非洲军团"在人员和装备补给上已经处于最低点,形势对"非洲军团"非常不利。

1942年8月26日,隆美尔向最高统帅部报告,他即将指挥德军进攻。隆美尔抱病巡视了沿线阵地,准备向阿拉曼防线上的英军发起大规模的进攻。

8月30日,隆美尔下令进攻。晚10时,德军装甲部队向英军的地雷区开始进发。

当德军装甲部队通过德军的防御阵地时,工兵们拿着小手灯,指引坦克通过布雷区的缺口。很快,德军装甲部队立即加快速度,朝英军防线扑去。

到达英军的地雷区后，德军工兵下车在雷区排雷。忽然，英军的轻重机枪、火炮和迫击炮同时开火。密集的子弹射向在雷区的德军工兵，炮弹似雨点般不断砸向德军坦克群。

对德军来说，更加可怕的事情发生了。

8月31日凌晨2时40分，德军阵地被英军的照明弹照得亮似白昼，英国空军发动了大规模的空袭。正在指挥作战的德军第二十一装甲师师长冯·俾斯麦将军被一发迫击炮弹击中，当场丧命。

几分钟后，一架英军轰炸机轰炸了德军指挥官涅林的指挥车，击毁了涅林的电台。涅林和手下的很多军官当场身亡，参谋长拜尔莱茵马上换乘另一辆指挥车，担任德军的临时指挥官。

上午，德国工兵不顾枪林弹雨，在英军地雷区中打通了一条道路，隆美尔下令继续进攻。晚上，照明弹把德军大地照得通亮，英国皇家空军的轰炸机群疯狂地轰炸完全暴露的德军。英军的炮群发射了密集的炮弹，不断地砸向德军。

9月1日晨，德军第十五装甲师准备围攻英军第二十二装甲旅，但遭到猛烈的打击，被迫撤退。下午，第十五装甲师再次发动进攻，被藏在防御工事里的英军第十装甲师的坦克群击退。

蒙哥马利指挥英军对德军形成包围圈。天黑前，德军发动了3次突围，都以失败告终。战斗持续到9月2日上午，德军伤亡惨重，燃料紧缺，无法向前进攻。隆美尔被迫停止进攻，当夜命令德军逐步退回出发阵地。

9月2日下午5时30分，凯塞林来到隆美尔的指挥车上，凯塞林严肃地告诉隆美尔：这一失败破坏了元首的战略部署。

隆美尔努力解释为何下令停止进攻，他详细地叙述了英军空军猛烈可怕的空袭，请求德国最高统帅部从根本上解决给养状况。

英军的情形和德军差不多，蒙哥马利也下令停止了进攻。蒙哥马利认为，凭目前的英军实力，还不可能彻底歼灭"非洲军团"。蒙哥马利不想让英军装甲部队像以前那样在追击时被隆美尔收拾掉。蒙哥马利决定继续做好防御准备，在有绝对把握的时候才向德军发起总攻。

这次战役结束以后，蒙哥马利写信给自己的朋友："我与隆美尔的第一次交锋是很有意思的。幸亏我还有时间整理这个烂摊子，为作战而积极作准备，结果轻易地把隆美尔的进攻化解了，我感到我在这场比赛中胜了第一轮，第一轮是隆美尔发的球，第二轮该轮到我发球了。"

英军第八集团军士兵正在收押俘虏

此次战役中,"非洲军团"死亡570人、伤残1800人、被俘虏570人,损失50辆坦克、15门大炮、35门反坦克炮、400辆机动车。英军伤亡1751人,损失68辆坦克、18门反坦克炮。

如此一来,"非洲军团"失去了进攻开罗的最后希望。隆美尔已经丧失了主动权,没有力量发动进攻。这就使"非洲军团"在下一次阿拉曼战役中注定会失败。

哈勒法山战役结束后,蒙哥马利不准霍罗克斯出兵占领希迈马特高地,那个高地是蒙哥马利故意留给隆美尔的。不可否认的是,直到蒙哥马利拥有隆美尔所缺少的巨大优势,他才肯放弃那个高地。

蒙哥马利肯定隆美尔必然进攻,而且也只能进攻。蒙哥马利在哈勒法山打败了隆美尔的部队,使第八集团军官兵增强了信心。

哈勒法山阻击战是英军进入北非作战以来赢得的最大的胜利。这时的英军没有因为胜利而骄傲自满,而是总结了哈勒法山阻击战的成功经验,

英军士兵正在射击

为下一次阿拉曼战役作准备。

在这次战斗中，英军各部队之间配合紧密：陆军与空军互相支援，相互间达到了心有灵犀的最高境界。英国皇家空军采用高超的战术，夺取了战场上的制空权，不断地袭击"非洲军团"。英军成功地将"非洲军团"压缩在地雷区内，使之成为飞机轰炸的目标。

另外，"超级机密"情报是英军制敌先机的重要因素。此战中，蒙哥马利运用的假情报和欺骗战术，也发挥了很大的作用。蒙哥马利的欺骗战术被继续运用于下一次的阿拉曼战役中。

在哈勒法山一战中战败的隆美尔率部退守阿拉曼以西盖塔拉洼地防线。盖塔拉洼地防线正面宽60公里，纵深为20公里，北临地中海，南临坦克无法通行的盖塔拉洼地，两侧完全无忧。

1942年夏末，每个人都感觉到了大战在即的紧张气氛，问题只是何时开战。不管是在开罗城的酒吧，还是在英军第八集团军的阿拉曼防线，人们都在不停地争论着即将开始的战役。唯一能确定的事情是，这场战役比北非大漠所发生过的任何战役都要大。

对于英军来说，突破和占领盖塔拉洼地，意义重大。如果能把"非洲军团"击退，并使"非洲军团"遭受重大的损失，"非洲军团"将无法在北非立足。

这时，"非洲军团"经过长期的沙漠连续作战，在体力、兵员、装备、给养和消耗上都达到了极限。"非洲军团"难以得到及时的补充，战斗力急剧下降。

在"超级机密"情报的指引下，英国空军给意大利补给船队和北非港口以准确而沉重的打击，打乱了德国和意大利的后勤补给计划。隆美尔计算，在1942年的前8个月中，"非洲军团"只得到了最低补给量的40%。

无论从兵员的数量和装备的质量上看，德意军队明显处于劣势。特别是在装甲车和坦克等机动作战装备方面。

图说 二战战役 浴血阿拉曼

在希腊克里特岛作战的两名英军士兵正在救护德军俘虏

第一章 聚焦阿拉曼

德国三号坦克 F 型

一名澳大利亚士兵正在战壕中休息

图说 二战战役 浴血阿拉曼

被英军击毙的德军士兵

第二章
决胜时刻

 ## 一切做得十分隐秘

1942年8月,英军第八集团军得到了大批装甲部队,组成精锐的第十装甲军。"非洲军团"只得到了少量补充,主要是非机械化部队,甚至有两支空降部队加入到地面作战力量之中。由于装甲部队的机动性和攻击力在沙漠作战中能够发挥优势,"非洲军团"补充的非机械化部队几乎难以发挥作用。在空中力量方面,英军空军掌握了制空权,在支援地面部队作战方面积累了丰富的经验。

"非洲军团"一直燃料补给不足,在几次作战中,"非洲军团"都由于缺乏燃料而被迫中途撤退,早期所取得的优势也化为泡影。

"非洲军团"自从入侵埃及以来,其补给线被拉得过长,托布鲁克的补给供应无法满足隆美尔的需要。德国和意大利的运输船队经常遭受盟军的空袭和海上进攻,没有到北非港口就沉入大海,使燃料紧缺的隆美尔更加窘迫。

在沙漠作战中,没有燃料能够置军队于死地。这次阿拉曼战役开始以前,隆美尔只剩下4天的燃料,弹药只够用9天。燃料的严重紧缺,使隆美尔无法再打机动战而被迫改变战术。

德军的坦克和装甲车在难以隐蔽的沙漠上作战,经常成为英国空军轰炸机攻击的目标。由于各种不利因素的制约,隆美尔即将被迫打一场阵地战,即利用步兵坚守阵地,不惜一切代价,阻止英军的进攻。一旦英军攻入防线,马上发动反攻把英军歼灭,以阻止英军冲破防线,造成难以控制的局面。

隆美尔在整个阵地上建立了8~13公里宽的防御体系。隆美尔让部队坚守阵地,在阵地最前沿埋设了大面积的雷区。

第一道地雷区纵深为 900～1800 米，后面是无人区，只设立了少数哨所进行监视；再后面 1800 米处是主阵地，由"非洲军团"步兵重点防守，装备高爆炸弹、火炮以及反坦克炮。

德军主阵地后面部署了装甲部队。整个布雷区威力最大的是北部雷区，纵深长达 4500～8200 米，布设了 50 万颗地雷。雷区中修筑了"防御点"，号称"魔鬼的乐园"，容纳了相当多的兵力。与北面雷区相比，南部雷区虽然较小，但南部雷区占据有利的位置，防御力量也很强。

隆美尔好像对战争已经丧失信心，战败的屈辱使他不愿再出现在"非洲军团"部下面前。他将自己关在司令部里，不断催促和等待代替他的人尽快到来，他想尽快回到家里看望家人。

盟军士兵向德军开炮

这种痛苦的等待消磨了隆美尔半个月的时间。9月19日，代替隆美尔的临时总指挥乔治·施图姆将军来到北非。施图姆是位坦克专家，他大腹便便，个子很高，脾气很好，患有严重的高血压。他刚到北非便很快便适应了沙漠气候。

隆美尔向施图姆介绍了"非洲军团"的情况。他对施图姆说，英军的总攻可能在10月15日左右发动。隆美尔还对他说："在英军进攻以前，一座'魔鬼的乐园'正准备欢迎英国人的到来。"

★ "魔鬼的乐园"

"魔鬼的乐园"是隆美尔精心构筑的非常全面的防御系统。为了阻止英军从正面发动进攻以及减少英军炮火和空中轰炸对德意军队造成的损失，隆美尔在德意军队阵地的前面布设了连绵的雷区防线。布雷区没有人防守，有的只是无数的地雷和陷阱。

在雷区防线后边约2000米处是"非洲军团"的步兵主防御地域。在步兵主防御阵地后面是大型反坦克炮阵，而在炮阵后面是德意军队的装甲部队和摩托化部队。

这个防御地带的确是"魔鬼的乐园"。那里大多数地雷的威力都很大，每颗地雷都能炸断坦克的履带或者摧毁卡车。还有3%的地雷对步兵具有毁灭性的杀伤力，这些地雷能够飞到空中爆炸，无数的钢球向四面八方飞溅。

在英军发动总攻以前，隆美尔的"非洲军团"在"魔鬼的乐园"中共布设了近25万颗反坦克地雷和1.5万颗杀伤地雷，加上德军在南线攻占的原英军布雷区，使"魔鬼的乐园"地雷达到近45万颗。

隆美尔希望英军进攻时陷入布雷区，当英军受到重创后，德军从防线的北端和南端发动反攻，把英军最精锐的装甲部队击溃。

第二章 决胜时刻

当时,"非洲军团"共有4个德国师、8个意大利师,其精锐部队是4个装甲师和2个摩托化师。"非洲军团"装备了490辆坦克、1200门火炮、675架飞机,总兵力约为10万人,其中德军5万人。

经过重组后,兵力的配置发生了变化。德军和意军混合编成6个步兵师,坚守主阵地。德军装甲部队第二十一装甲师率意军"利托里奥"师坚守战线南端,德军装甲部队第十五师率意军"埃里特"师坚守北战线两端。

一名新西兰士兵用望远镜观察远方战况

德军第九十装甲师作为预备队进驻北段后方海岸一带。意军装备太落后，士气不振，为了提高意军的士气，隆美尔把德军和意军混合编组，部署在阵地上，在很大程度上取得了预期目的，可是却影响了"非洲军团"在关键时刻对德军的集中使用。

正如隆美尔所预料的，蒙哥马利正在策划一个庞大的进攻计划，那就是在阿拉曼发动一次大规模的军事行动，彻底歼灭"非洲军团"的主力，在那一天来临以前，时机还不成熟时，蒙哥马利不会冒然进攻。

英军第八集团军下辖第十军、第十三军和第三十军，共11个师又6个独立旅，精锐部队是4个装甲师和2个装甲旅。

英军拥有1200辆坦克、2300门火炮和750架飞机，总兵力约为19.5万人。

蒙哥马利的作战目的是，攻占"非洲军团"的防御阵地后，立即向西追击，攻占昔兰尼加和利比亚首都的黎波里，与即将在法属北非登陆的美英联军会师，把北非的"非洲军团"全部歼灭。

1942年9月5日晚，蒙哥马利与英军中东总司令亚历山大将军在一起会谈。蒙哥马利提出，为了将来大规模进攻的需要，日后在对外报道德军在哈勒法山进攻战败一事时，必须低调处理。亚历山大同意了。

9月6日，亚历山大给英国作战部发去一份蒙哥马利亲自起草的电文报告，请求英国媒体不要宣传英军的战绩，如果非要宣传，希望命令记者按以下概要发布：德军装甲部队大举进攻英军南部翼侧，战斗了5天，战况激烈，德军被英军各兵种联合作战打退。德军在物资方面损失惨重，英军损失较小。

9月14日，蒙哥马利制定了阿拉曼战役的进攻计划，被称为"捷足"计划，决心于10月23日夜晚开始实施。

英军的军事部署为：

利斯将军率领第三十军，下辖澳大利亚第九师、苏格兰第五十一师、

正在行驶中的英国装甲汽车，不远处沙漠中特有的沙尘暴席卷过来。

新西兰第二师和南非第一师，从北面主攻"非洲军团"阵地，负责歼灭"非洲军团"的步兵部队，在地雷区开辟两条通道。接着，由拉姆斯登将军率领第十装甲军，通过两条通道，占领开阔地带，阻击德军装甲部队的反攻。第十三军军长霍罗克斯率领第七装甲师、第四十四师和第五十师在南面进行佯攻，牵制德军装甲部队，支援第十军展开进攻。第十三军必须避免严重损失，特别是第七装甲师必须保持实力，以便向"非洲军团"防线的纵深地带推进后能够机动作战。

蒙哥马利准备同时进攻"非洲军团"的两侧，但却不打算率先从两侧发动进攻，而是从中央偏右处进攻，等第三十军突破防线后，再根据具体情况，选择最佳（或左或右）的方向，进攻"非洲军团"。

9月16日，在军事会议上，蒙哥马利提出了这个计划，军官们都没有反对。远在伦敦的丘吉尔知道后，对该计划的进攻日期表示不满。

丘吉尔给亚历山大发去电报，要求他把进攻的时间提前，最好在9月下旬进行。亚历山大接到电报后，马上去找蒙哥马利。

蒙哥马利读过电报后，生气地说："让我们9月份进攻？不会是疯了吧！我可不能这样做，现在什么都没有准备好，仓促进攻，肯定会战败。若等到10月份进攻，我保证一定胜利。你说，我是不是服从在9月份发动进攻的命令呢？"

"首相的目的，或许想配合苏军的一些攻势，还可与盟军将于11月初在法属北非海岸登陆的'火炬'计划遥相呼应。我认为'捷足'计划在'火炬'计划发动前两周开始最好，这时我们能够歼灭抵抗我们的大部分德军。"

蒙哥马利仍然不同意。在整个沙漠作战中，亚历山大始终如一地支持蒙哥马利。这次，亚历山大完全根据蒙哥马利的意见发了电文，回复丘吉尔，表示进攻无法提前，必须推迟到10月。丘吉尔暴跳如雷，但最终还是被迫同意了。

化解了丘吉尔的干扰，蒙哥马利得到了一定的时间来进行训练和重组这两大棘手的工作。在英军第八集团军中，有两个刚到达埃及的英军师，第四十四和第五十一师。

这两个师没有沙漠作战的经验。9月29日夜间，第四十四师的两个旅袭击了穆纳西卜洼地，结果损失惨重。由于这两个旅伤亡太重，被迫解散，而剩下的第一百三十三旅被调往第十军组建成车载步兵旅。至此，第四十四师已经不复存在了。

第五十一师拥有一个训练场，进行过多次军事演习。第五十一师被配属给北面的澳大利亚第九师，以使澳大利亚第九师每周能抽出一个旅进行训练。

第二章 决胜时刻

英军装备运送到埃及后，存放在陆军的沙漠营地中。

在10月18日以前，第七装甲师第四装甲旅还需要担负作战任务，无法进行训练。而第二十二旅担负的作战任务少，举行了多次演习。

9月份，300辆"谢尔曼"坦克运抵埃及，由于一些原因，还未装备给英军。结果，第十装甲军的训练大打折扣。蒙哥马利要求他们以能够采取的方式进行训练，以提高战斗力。

蒙哥马利十分重视英军的训练情况。虽然英军的训练水平提高了，但却没有达到预期的目的。尤其是装甲部队的训练水平进展不大，蒙哥马利认为英军还不能突破德军防线。

蒙哥马利甚至认为，如果训练未能达到预期目的，进攻很可能失败。

他觉得肩负的责任十分沉重。

在英军的训练上，蒙哥马利最重视的是扫雷训练。蒙哥马利派工兵处长组建了扫雷分队，训练工兵排雷。蒙哥马利命令工兵第三连连长彼得·穆尔少校专门负责训练工作。

穆尔建立了扫雷学校，在他和后来的柯里少校的努力下，扫雷学校制定了一整套训练方法，于10月23日前培训了56组扫雷人员。

扫雷学校还把"玛蒂尔达"坦克改装成扫雷装置，目的是减少工兵排雷的巨大危险，扫雷装置又称"蝎子"，后来在非洲战争中没有太大的用处，工兵还是用地雷探测器来排雷。"蝎子"在英国经过多次改进后，在诺曼底登陆时终于发挥了作用。

对于蒙哥马利强制实施的紧张训练计划，隆美尔后来给予了极高的评价。隆美尔在日后回顾这次战役时，指出英国工兵部队在布雷区开辟道路的高超技能对英军帮助很大。隆美尔说，英军在晚上进行的扫雷工作表明他们训练有素，在英军进攻以前他们肯定进行了大量的排雷训练。

隆美尔曾经多次赞扬英军良好的训练水平，他并不是为了替自己的战败而辩解，而是发自内心的赞扬。

隆美尔还在日后回顾阿拉曼战役时作出以下评论："这次战役在开始以前就由军需官们决定胜负了。"英军得到了充足的后勤保障，使英军的重型火炮能在阿拉曼战役的12天内，向德意部队发射了100万枚炮弹，平均每门重型火炮每天发射102发。而英军的中型火炮每天的发射量更大。英军在炮弹保障方面就与在其他方面一样，都得到了充足的保障。

在前线，蒙哥马利在兵力和物力上都比"非洲军团"强大，平均有2比1的绝对优势。这还不包括英军储存的装备数量，比如，在埃及的修理厂和仓库中，英军还有1000多辆坦克。另外，蒙哥马利还拥有不中断的补给运输线优势。

尽管蒙哥马利拥有如此巨大的兵力和物力优势，但他当时仍面临着十分艰巨的任务。许多人指责蒙哥马利在阿拉曼过于谨慎,打了一场"第一次世界大战"式的阵地战。事实上,面对"沙漠之狐"隆美尔,蒙哥马利必须谨慎。

蒙哥马利不得不想办法突破一条由防御工事组成的德意防线。这些防御工事的纵深为4～7公里。在大部分复杂的德意防线前,尤其是在蒙哥马利想突破的北部和中北部防线前,隆美尔派部队布设了两条平行的地雷带。这两条地雷带间隔着一个山坳,隆美尔派部队在那里设置了大量复杂的各种地下爆炸物。隆美尔巧妙地把大量缴获的英国炸弹和炮弹配置在防

英军军官正在研究作战计划

御工事里，准备在德意部队战败的情况下用电来引爆。隆美尔还用狗来看守一些防御工事。

在德意部队防线的南段，隆美尔在原英军的两个地雷场后面，即盖塔拉洼地一带构筑了一系列防御工事。隆美尔通过在每个防御地段上巧妙地部署兵力来加强防御体系。每个营有一个连部署在前沿阵地，前沿阵地沿地雷场的边缘一直延伸到纵深；主要部队部署在后边的主防御阵地，主要防御阵地在雷区后边。在两条地雷带之间，隆美尔还派人布设了许多小地雷带，这些地雷带布置成箱形，为前沿部队提供翼侧支援。

蒙哥马利知道隆美尔的布雷规模很大，可以说是个惊人的数字。更使蒙哥马利感到为难的是，即使他不断派部队进行巡逻，也只能了解到布雷区边缘的基本情况；至于布雷区的整个情况，蒙哥马利只能从空军的空中照片来估计了。

另外，蒙哥马利还得知德军的炮兵都部署在主要防御阵地后面。隆美尔企图凭借这些措施，抵挡住英军强大的炮火。隆美尔希望能够阻止英军突破主要防御阵地。这样，德军就可以从两翼和正面发动反攻，把英军的攻势挡住。

隆美尔最担心的是英军装甲部队在防线上打开一个大缺口，这样一来，英国坦克将源源不断地从缺口里推进。由于隆美尔的装甲部队缺少燃油，无法进行持久的机动作战，隆美尔不敢把装甲部队部署在主防御阵地，只能把德军第二十一装甲师和"埃里特"装甲师部署在防线后面，并把第十五装甲师和"利托里奥"装甲师部署在北部防线后面。

隆美尔希望在英军坦克突破时，他能够把装甲部队调去拦截而不消耗太多的燃油。至于步兵部队的部署，他把每个意大利部队都配置在一个德国部队附近，通过这种强弱交替部署的方法，他就能够抽调出足够的德军预备队。

人算不如天算，在阿拉曼战役即将开始时，隆美尔被迫离开了战场。

因为他的病情急剧恶化，9月19日，他将指挥权交给施图姆。9月23日，乘飞机飞往罗马。

施图姆虽然是个坦克专家，曾在苏联战场上指挥过一个军，但他不熟悉沙漠战，更不熟悉"非洲军团"。不过，施图姆很谨慎，他没有改变"非洲军团"防御部队的部署，尤其是装甲部队的部署。

在"捷足"计划中，蒙哥马利想突破隆美尔的防线，逼"非洲军团"打一场坦克战。具体说来，他想让英第三十军从北面主攻德军防线的中部偏右处，从那里打通两条走廊。英第十军随后通过两条走廊后，在德军补给线两侧的重要地带构筑阵地。他认为，到时候德军装甲部队一定会向英第十军构筑的阵地发起进攻，他希望将德军坦克消灭在那里……

施图姆也认为蒙哥马利将主攻防线中部，但他仍把预备队——第九十轻装甲师和的里雅斯特师保留在隆美尔部署的海岸地区。

虽然蒙哥马利不想在左翼主攻，但他仍想在左翼发动一次佯攻以策应

英军士兵沿着阵地防线巡逻

英第三十军从北面发动的主攻。从左翼的佯攻将由英第十三军对德军南部防线的两个地雷带进行,佯攻的目的有两个:一是尽量具有威胁性,阻止德军在南面的部队向北转移;二是若佯攻顺利,英军将通过防线缺口,扰乱德军的后方。不过,蒙哥马利规定英第十三军不准出现重大伤亡,尤其是第七装甲师必须保存实力,以便在主攻的方向突破后用来扩大战果。

后来,蒙哥马利又提出了一个完全不符合常理的进攻计划。蒙哥马利在军事会议上说:"人们公认的进攻原则是,进攻应该首先消灭敌军的装甲部队,一旦消灭敌军的装甲部队,敌军的步兵部队就容易对付了。我却偏要先消灭敌军的步兵部队。"

在加扎拉战役中,隆美尔在考德伦地区所采用的正是这种"粉碎性"战术。隆美尔的"粉碎性"战术是建立在精确计算的基础上的。尽早组织坦克屏护队是"粉碎性"战术的关键。蒙哥马利学会了这种战术,并决定发展这种战术。

蒙哥马利主张,英军先不打德军的装甲师,留到以后再打。他建议把一个坦克群作为屏护队向前推进,去堵住德军地雷场通道的西部出口,并用"粉碎性"作战行动来蚕食德军防御区内的步兵部队,以此逼德军坦克与英军坦克决战。蒙哥马利认为德军不会坐视步兵部队被英军歼灭。蒙哥马利想刺激德军用分散配置的装甲师来进行紧急的反攻。

蒙哥马利指出,以英军的绝对优势兵力,非常适合执行粉碎性作战行动。蒙哥马利甚至主张在地雷区的通道排雷完毕以前,就派英第十军通过通道。他还建议:如果到总攻那天拂晓,工兵和步兵部队没有把通道打通,那么各装甲师要自己想办法打开通道,冲进开阔地带。

丘吉尔为即将开始的进攻而担心,他早在9月23日就给亚历山大司令发了电报:"发明坦克就是为了在敌军火力的威胁下帮助步兵部队打开通道。现在蒙哥马利想用步兵为坦克开道,这个任务太艰巨了。"

英军中的英籍将领们也反对蒙哥马利的计划,他们认为按照蒙哥马利

盟军士兵向阿拉曼方向行进

的计划打,步兵部队很可能无法完成任务,到时候装甲部队强行在地雷场上开道,那将带来灾难。

同样,新西兰师师长弗赖伯格、澳大利亚师师长莫斯黑德和南非师师长皮纳尔也怀疑这个计划。他们向第三十军军长利斯报告说,他们都对坦克强行通过雷区缺乏信心。利斯将这一情况报告了蒙哥马利。

蒙哥马利不理睬这些人的反对意见,他认为部下们不好管理,对长官的命令提反对意见一向是沙漠部队的坏习惯,在装甲部队中这种恶习更加明显。

蒙哥马利一向不准部下们随便提反对意见,他相信一句谚语:"当人们对重大问题有疑问时,绝不能让大多数人的意见占上风……在这种场

盟军坦克在阿拉曼沙漠中前进

合,大多数人的意见往往是错误的。"

10月6日,蒙哥马利正式宣布废除了第一个"捷足"计划,修改后的"捷足"计划作战原则与原来大不相同。这个计划就是在使德军相信英军的进攻方向在南部防线,并向南部防线增兵的同时,第八集团军率先对德军步兵部队发动歼灭战,并把德军装甲部队拖住,使其无法前往救援,再用密集的装甲部队摧毁德军装甲部队,将其彻底歼灭。

这个计划是英军对沙漠战术的大胆革新,蒙哥马利改变了以前先用装甲部队击败敌军的装甲部队,再歼灭暴露的敌军步兵的传统战法,并且把传统战法完全颠倒了。

这个计划冒有很大的风险,一旦被德军识破,战局将很难控制,何况蒙哥马利所运用的战术正是隆美尔最擅长的"粉碎性"战术!

第二章 决胜时刻

蒙哥马利认为,阿拉曼战役能否取胜,关键就是不被隆美尔识破。为此,蒙哥马利进行了代号为"伯特伦"的欺骗计划。"伯特伦"计划的主要目的,就是把准备从北面发起进攻的部队藏起来,不让德军发现,相应的,需要制造从南部防线进攻的假象。

10月15日,根据英国情报机关的报告,蒙哥马利得知了"非洲军团"的处境。这份报告说,德军面临着的困难处境是无法想象的:食物只够吃3个星期,坦克的燃料只够用1个星期,运输车辆、零件和弹药都十分匮乏。兵力严重不足,在5万名德军和5.4万名意军中,大多数是伤员。

另外,由于隆美尔向德国最高统帅部抱怨军需物资补给匮乏,以及表达了对非洲战局的悲观看法,致使希特勒十分不满。希特勒认为隆美尔是

盟军士兵登上火车旁的运兵船,奔赴非洲抗德前线。

个悲观主义者，对隆美尔能否回来继续统率"非洲军团"表示疑虑，看来隆美尔已经失宠。

这份情报对英军十分有利。然而，蒙哥马利十分清楚阿拉曼"非洲军团"的防御体系，特别是由几十万颗地雷铺设的一系列雷区，使他顾虑重重。

在旷野沙漠，要让拥有1000多辆坦克、1000多门大炮、几千辆机动车、几万吨给养和81个步兵营的进攻部队，通过视野广阔的沙漠，而不被德军发现，简直太不可思议了。

所以，每样东西的伪装和暴露，都事先经过了精心的策划。蒙哥马利就下令用假车伪装成坦克和其他车辆进行运动。

英军在距离阿拉曼车站附近，伪装了一个巨大的物资储备场，从表面上无法识破。另外，为了让德军相信威胁来自南部，早在9月27日，蒙哥马利就下令在南部铺设了假输油管道，修筑了假油泵房、储油罐和蓄水池。

一切做得十分隐秘，哪怕是最先进的德军高空侦察机和高倍望远镜，也无法察觉出真假。同时，英军情报机构的活动也十分活跃，大力支援"伯特伦"计划，故意露出一些假情报，以使德军相信威胁来自南部。

10月21日，英军的一切伪装和欺骗手段都做好了，各种情况表明，德军已经相信英军将从阿拉曼防线以南发起进攻。

在此以前，英军官兵们的休假和外出活动正常进行，以免露出马脚，但在10月21日，蒙哥马利下达命令，一切休假和外出活动都被禁止，所有离开部队的人马上回到部队做好作战准备。

 发动粉碎性的进攻

"非洲军团"急需的军需物资都是从其所占领的港口长途跋涉运送过来的——从大约 480 公里远的托布鲁克、大约 960 公里远的班加西以及长达 1920 公里远的的黎波里等几个港口运送。

在漫长的运输补养线上,"非洲军团"的车队经常遭到英军的空袭。短短 3 个月,英国潜艇和轰炸机就击毁了 20 艘德国和意大利运输船。隆美尔每个月急需 3 万吨给养,可是实际每个月只能得到 6000 吨。

隆美尔当时之所以带病离开前线,是因为德军情报机关人员分析,依据收集到的情报,英军在未来几周内绝对不会大举进攻阿拉曼防线。

1942 年 9 月 24 日,隆美尔路过罗马时,与墨索里尼简短地进行了一次会谈。双方就北非的补给问题再次交换了意见。

隆美尔请求墨索里尼向北非的"非洲军团"提供足够的军需物资,否

正在行进的德军装甲部队

则"我们就会失去北非"。

隆美尔走了以后，墨索里尼对身边的人说："他的病完全都是被英军吓出来的。"

事实上，隆美尔一直被各种疾病所折磨，除了患有血循环障碍症和白喉症以外，还患有慢性肠胃溃疡。

隆美尔离开北非的消息早在他离开那一天就被英国人获知。当英国情报部门把他们翻译的德军电报送给美国总统罗斯福时，罗斯福高兴地对参谋们说："隆美尔肯定被失败拖垮了身体。直到目前为止，根据沙漠战争的情况，我不得不承认他是习惯打胜仗的。感谢上帝，他终于离开北非了。"

所有的情况都对英军十分有利，但英军却没有人把即将展开的进攻战看做是一件容易的事情。蒙哥马利制定的作战计划的细节使所有的军官都清楚，战斗将是异常激烈的。

决战的时刻即将来临。蒙哥马利表面上面带微笑、平静安详，其实内心却激动万分。即将展开的进攻，规模之大，在他的军事生涯中是从未遇到过的。

★隆美尔离开北非战场

1942年9月，隆美尔离开罗马后乘飞机直接到了柏林。在德国宣传部长戈培尔家里一连住了好几天。隆美尔在戈培尔家里整理好一些军事地图和数据表，想用这些数据来影响希特勒。

几天来，几乎每个晚上，戈培尔一家人都沉浸在隆美尔那惊险的关于北非战斗的描述中，直到深夜。戈培尔没有想到，素来沉默寡言的隆美尔竟喜欢向大家讲述北非作战的情况。隆美尔从多年的沉默中解脱出来，感觉心情好多了。

隆美尔最喜欢讲的是很多关于意大利贵族和军官们在北非的奇闻逸

事，还讲了意大利部队第一次遇到澳大利亚或者新西兰部队时逃跑的细节。

隆美尔似乎很擅长讲故事，他讲了自己怎样经常从几乎死亡或被俘的险境中脱身的故事，总能引起戈培尔和他的家人们发出恐怖的尖叫。

白天，戈培尔给隆美尔放映一些"非洲军团"在北非作战的战地纪录片。当隆美尔看到当年"非洲军团"进攻托布鲁克和追击英军进入阿拉曼时，激动地流下了眼泪。

1942年9月29日，隆美尔赶赴慕尼黑，参加鲁道夫·施蒙特（希特勒的副官）举行的盛大晚宴。那天是施蒙特小儿子的生日，很多德国高官和社会名流都参加了，他们想亲眼看看具有传奇色彩的隆美尔。

晚上，一阵门铃声响起，施蒙特叫小儿子去开门，隆美尔出现在门

隆美尔（左）在北非战场接受采访。

口，客人们纷纷向他问好。隆美尔决定先不理这些客人，笑着问小孩子："今天晚上，你是主人，你想要什么礼物？"

"我要玩具火车。"施蒙特的小儿子说。"好吧，跟我走。"他们上楼了，隆美尔打了一个电话，一会儿，隆美尔的副官送来一个玩具火车。隆美尔在楼上陪小孩子玩到天亮。

中午，隆美尔乘飞机赶往新维也纳的塞麦宁山，在那里进行治疗。几小时后，他回到家里。

在家里，隆美尔可以懒散些，做自己想做的事情，而不需要为战争操心，也不用为了长官的形象和职责而装腔作势。

隆美尔的治疗主要就是休养。他很想永远在气候宜人的山区里隐居，什么都不管，永远和家人呆在一起，然而北非的战局不能让他静下心来。

1942年10月，蒙哥马利全力筹划着阿拉曼战役，10月19日，丘吉尔亲自来看望他。蒙哥马利终于说服了丘吉尔，使他对这场战役充满信心。

在蒙哥马利说服丘吉尔后，他本人开始满怀信心地着手筹划阿拉曼战役的各种细节。尽管这些细节有关于作战的，还有关于行政勤务的，看起来非常复杂，但他却做得一丝不苟。蒙哥马利认为只要把握好战役的基本方针，并把预备措施做好，就一定能制定好详细计划。

10月20日，丘吉尔特地致信亚历山大，指出阿拉曼将是一场"对未来有重大影响的战役"，这场战役的成败关系到能否打败"非洲军团"，还会影响到盟军随后发动的"火炬"计划。如果失败了，盟国的战略计划会被全盘打乱。这时，丘吉尔相信蒙哥马利一定会胜利。

战前，蒙哥马利向英军发出豪情万丈的动员。他首先指出了英军的优势所在，说明第八集团军最后一定能获得胜利。

蒙哥马利还说："这将是一场异常艰苦的战役，不要认为有了优势，

第二章 决胜时刻

准备踏上战场的军队。

阵地中的士兵准备射击。

坦克兵正在测试坦克。

'非洲军团'就会投降,敌人是不可能投降的,激战就在眼前。"

蒙哥马利要求英军的每个将士不怕牺牲,勇往直前,不到万不得已,不准投降。"去勇敢地进攻吧!把隆美尔和他的'非洲军团'埋在沙漠,历史将会永远铭刻英军的战绩!"

蒙哥马利的声音被巨大的欢呼声湮没,官兵们被他的呼唤深深感染,豪情挂满脸庞,士气大振。

10月23日上午,蒙哥马利向战地记者们发表了演讲。蒙哥马利对胜利表现出无比自信的姿态,使战地记者们印象深刻。下午,蒙哥马利将指挥部搬到第三十军和第十三军的军部附近,这样一来就方便了指挥。

一辆"格兰特"式坦克被调来指挥部,以备随时使用。科宁厄姆空军中将的沙漠空军司令部也搬到这里,因为空军的支援至关重要。

第二章 决胜时刻

10月23日晚9时40分，英军发起了总攻。一时间，千百门大炮朝"非洲军团"的炮兵阵地发出震耳欲聋的怒吼。"非洲军团"的前沿阵地顿时变成了火海，地上沙尘飞舞，遮住了明亮的月光。

20分钟后，密集的英军炮火再次把"非洲军团"的前沿阵地变成了火海。炮击过后，借着曳光弹的光亮，一队队英军士兵，排着密集的队形，像群蚁一样冲进了烟幕。

印度第四师师长图克回忆起这次令人难忘的炮击，当时他的部队部署在鲁瓦伊萨特山脊，担负次要任务。图克对人们说："当时，我们在鲁瓦伊萨特山脊附近，前方沉寂的沙漠地带传来巨大而密集的火炮声，我们从没有听到过，我们的火炮过去从没有发出过那样的声音。在北面和南面的天空上，火光闪闪，那些火光非常明亮，看起来就像很多巨人在月光下不停地旋转。巨大的炮声在人们的四周轰鸣，在人们的头顶颤动着。我以前曾经听到过很多次炮声，但我从来没有听到过像那次那样的炮声。那阵阵炮声竟在颤动，就像无数只飞蛾在拍翅时一样，只不过声音被无数倍放大。"

英军的炮火是用来压制德军炮火的。英军的大量重型火炮和中型火炮，与德军的约200门火炮、40门中型炮和14门重型炮交战。英军炮兵与德军炮兵的发射比为10比1，有时甚至高达22比1。

在南面，英军第十三军的炮火密度略小一些，于21时25分开始炮轰德军阵地，到21时55分停止炮击。

22时，英军第三十军在"非洲军团"的防线北部开始了冲锋。与此同时，英军第十三军在南部也发起了佯攻，与德军的装甲部队战在一起。

亚历山大司令则向伦敦和华盛顿分别发出了预先商定的密码电报："中东总司令致首相暨参谋总长：拉上拉链！1942年10月23日，前海军军人致罗斯福总统：埃及之战于今晚8时（伦敦时间）开始，我军都将参战，我随时向你报告情况。你给我们的所有的'谢尔曼'坦克、自行火炮和卡车肯定会起到最重要的作用。"

负责前面开道的英军步兵和工兵部队,借助夜空中的探照灯光和轻型高射炮向空中发射的曳光弹,开始向德军防线推进。蒙哥马利在告全军书中写道:"将要发起的战役将是世界历史上的决定性战役之一。阿拉曼战役将是二战的转折点。世界各国的目光都关注着我们,等待着战役的发展。"苏联也关注着阿拉曼战役的发展,尽管苏联认为阿拉曼战役只是个小战役。

第三十军第九澳大利亚师和第五十一苏格兰师到达雷区后,正在地雷区开辟一条通路。在其南面,新西兰师和南非师到达雷区,也在开辟一条通路。第四印度师从鲁瓦伊萨特山岭上的突出阵地向德军发动进攻,迅速

被英军炮火击中的德军坦克冒出浓烟。

插入德军阵地。

在战线的北端，1个澳大利亚旅在特勒埃萨与地中海之间发起了冲锋。英军各部队不断地向前进攻，猛攻猛打。

"非洲军团"突然遭受炮兵的重击，施图姆彻底傻眼了。施图姆怎么也想不明白，英军在北部战线怎么调集了那么多的大炮，没有任何情报显示，英军将从北部发动主攻。很快，德军第二十装甲师师长向他报告，南部防线遭受英军的强大进攻，南部可能也是主攻方向。

很快，海岸巡逻部队向他报告，英国军舰在轰炸机群的掩护下，猛烈攻击靠近地中海的第九十装甲师。施图姆在慌乱中不知怎么对付英军。接着，许多通讯线路已被炸断。为了搞清真实情况，他乘一辆装甲车，向第九十装甲师司令部方向驶去。

此时，经验丰富的德军官兵自己组织起强大的火力，不断地向英军攻击。密集的炮弹落在英军工兵的排雷区，由于到处都是地雷，英军无法将部队展开，向前行进的速度迟缓，加大了部队的伤亡。

战斗正在残酷地进行着。10月24日凌晨1时，英军突破德军的前哨阵地，到达德军的主阵地，突破口的宽度为10公里左右。

凌晨5时30分，英军第三十军的半数官兵到达预定地点，开辟了两条通路。第二十军各师和第十军的第一装甲师、第十装甲师紧紧跟上步兵部队，分别通过北通路和南通路。

由于雷区的纵深很大，英军的步兵部队和坦克在通路上遭到猛烈的炮火打击，陷入进退两难的困境。

10月24日天刚亮，施图姆因不明情况决定去前线侦察。他告诉司机先去预备阵地上的第九十轻装甲师那里看看。半路上，他们走错了路，到达了前线。

当时，澳大利亚师的士兵朝施图姆的指挥车开枪。司机猛地掉转车头，施图姆的心脏病发作了，并从汽车上掉了下去。指挥车摆脱了射击，

德军士兵正在放哨,他旁边的是由德国毛瑟公司设计的 MG34 通用机枪。

以全速向前奔驰,但司机当时并不知道施图姆已经不在车上。

10月24日上午,英军在北面的进攻态势大体为:右边是澳大利亚师第二十六旅;中间是新西兰师,高地师第一百五十四旅在新西兰师附近;左面远处是南非第三旅已经推进到"酢浆草"的目标地带。另一个澳大利亚旅、高地师的另外两个旅和一个南非旅还未到达"酢浆草"地带。而第二十三旅和第九旅也未按时夺取桥头堡。英军第一装甲师的扫雷部队仅在澳大利亚师后面开辟出一条通道,而第十装甲师所开辟的4条通道都未能按时超过米泰里亚山脊。

蒙哥马利从南面的第十三军那里得到的消息也不好:在第四十四师一百三十一旅的配合下,第七装甲师没有突破两个地雷带;第一自由法国旅也没有按时占领希迈马特山西边山脚下的纳克布赖拉高地。

英军的进攻很不顺利,扫雷部队的"蝎子"扫雷装置被地雷炸坏了。结果,在南面进攻的部队中第二十二装甲旅死伤200人,第一百三十一旅死伤180人。英军所取得的战果只是拥挤在第一条地雷场的两侧,而第二条地雷场仍未突破。

蒙哥马利还得到报告:第一自由法国旅的运气更糟,松软的沙地影响了他们的前进,反坦克炮陷在沙地里;在基尔驻防的德军于7时30分用缴获的英军坦克发动了反攻。结果,第一自由法国旅的两个营损失了全部车辆,却未能推进一步。英军第十三军的处境是要么突破第二条地雷带,要么陷在两个地雷带之间。

蒙哥马利感到形势很严峻,隆美尔设计的雷区太复杂了。

上午9时以后,蒙哥马利发布了一系列新命令。他的主要命令是:彻底打通德军在北段防线的走廊;新西兰师从"酢浆草"地带和米泰里亚山脊向南进攻,作出最大努力保障第十装甲师通过。

然而,英军第十装甲师推进缓慢,蒙哥马利希望第九装甲旅那里能突破。但第九装甲旅也没有在米泰里亚山脊以外占领任何阵地,该旅还在进攻过程中伤亡惨重。

中午,蒙哥马利来到弗赖伯格的第三十军司令部召开了军事会议。蒙哥马利命令盖特豪斯指挥的第十装甲师必须在10月24日晚推进到新西兰师那里,并进入开阔地带。为了帮助第十装甲师,蒙哥马利命令把第三十军的所有炮兵都调来支援。

后来,为了强调这一进攻的重要性,蒙哥马利再三重申:第十装甲师至少要推进到"皮尔森"地带,去给新西兰师的进攻提供安全保障。蒙哥马利还强调说,他准备接受第十装甲师的重大伤亡。

可见,蒙哥马利已经对第十装甲师师长盖特豪斯的积极性感到怀疑。他曾在回忆录中写道:"装甲部队普遍缺乏旺盛的进攻意志,可见他们不习惯进攻。"这种说法显然不公正,盖特豪斯之所以犹豫不决,是因为两侧有德军的坦克和反坦克炮,第十装甲师只能从正面向米泰里亚山脊右边冲锋,但受到雷区的阻挡。

蒙哥马利要求盖特豪斯的第十装甲师不惜一切代价冲过米泰里亚山脊。此时的战役形势对英军非常有利,蒙哥马利的真正对手施图姆已经失踪,而隆美尔远在德国的奥地利地区。

10月24日下午3时整,隆美尔疗养室内的电话铃突然响了起来。电话是从罗马打来的,隆美尔得知了一个惊人的消息:"英军昨晚在阿拉曼进攻了!施图姆将军下落不明!"

隆美尔急忙要通德国统帅部的电话。几乎与此同时,德国统帅部也要通了隆美尔的电话。隆美尔发现电话那一方竟是希特勒。

希特勒的声音显得十分沙哑:"隆美尔,非洲出事了,而且施图姆将

"非洲军团"的卡车在沙暴中行进。

军也不见了。"

"元首，请让我回阿拉曼吧。"隆美尔说。

"你的病养好了吗？"希特勒问。

"还行吧，医生说没有太大问题了。"隆美尔说。

"哦，那你快去维也纳机场待命，我需要弄清楚是否派你去。"希特勒说。

隆美尔匆忙回去与妻子露西道别，马上乘车赶赴机场。

10月24日下午，英军的苏格兰步兵师和第一装甲师组织起更大规模的进攻，杀开一条血路穿越了布雷区，新西兰师的第九装甲旅碾过米泰里亚山岭。

在维也纳机场，隆美尔一直在焦急地等待着进一步的命令。直到夜幕降临，他仍然没有等到。当天晚上8时30分，驻维也纳的德军司令部派人给隆美尔送来了关于北非作战的最新情报：英军发动的主攻在北部防线，英军正源源不断地通过一个缺口，估计明天将在阿拉曼一带发动更大的攻势；施图姆将军是10月24日早晨失踪的，德军曾经派部队前去寻找，至今下落不明；冯·托马将军已经接过"非洲军团"的指挥权。

远在柏林的帝国总理府，希特勒正在犹豫不决，到底是在隆美尔身体没有康复以前过早地将他派到非洲，还是留下他，以后派到苏联战场？到底怎么安排他才对德国更好呢？

晚上9时30分，为了做出安排隆美尔的最有利决定，希特勒命令驻罗马的德军将领林特伦将军把最新的北非战况分析报告发来。

隆美尔仍在机场里焦急地等待着希特勒的命令，他十分担心"非洲军团"。深夜，德国统帅部的电话终于打来了，希特勒告诉隆美尔："驻罗马的林特伦将军判断英军的更大规模攻势迫在眉睫，这将是一场长期而艰苦的战役。我不得不把你再次派往北非，你要立即赶回阿拉曼前线指挥，半路上绝不能耽误。"

 隆美尔重返北非

1942年10月24日那一晚，英军第三十军为保障第十装甲师向前推进做出了巨大的努力。但英军第十装甲师的进攻仍不顺利，该师对这次进攻的可行性没有任何把握。

第十装甲师的态势是：第二十四装甲旅在右、第八装甲旅在左，其左翼由只剩下两个坦克团的第九装甲旅掩护。第十装甲师的受阻是因为山脊上的雷区纵深比预计的要大很多，并且德军的火力十分猛烈，第十装甲师的队形都被打乱了。此时，德军又向第二十四装甲旅的正面发动了进攻；在第八装甲旅前方的一个通道出口被德军用炮火封锁了。

22时，德军轰炸机空袭了英军第十装甲师，使第十装甲师的局势更加混乱。英军坦克群拥挤在一起。该师运送燃油和弹药的大量卡车，正在

德军装甲部队正在行进。

大火中燃烧，成为德军炮火的最好靶子。英军炮兵部队为了避免德军的炮轰而遭受更大的伤亡，他们分散开来。结果，英军的掩护炮火越来越远离停止前进的第十装甲师。

在第八装甲旅的正面上，尽管英军骑兵队已经通过了通道，但该旅担心天亮时从雷区冲过去的坦克可能到达米泰里亚山脊暴露的斜面上，英军坦克容易被德军逐个瞄准摧毁。

英军第八装甲旅旅长卡斯坦斯于10月25日凌晨向师长盖特豪斯请求说，第八装甲旅应该撤回到东斜面比较安全的地带。

盖特豪斯也向上级提出了同样的建议，最后逐级上报到蒙哥马利那里。

蒙哥马利认为这才是英军在战役中的真正危机。蒙哥马利决定叫利斯和拉姆斯登等人于10月25日凌晨3时30分前来开会。

在会议上，蒙哥马利向部下们重申，他的计划必须无条件执行，绝不能撤退。从此，蒙哥马利对拉姆斯登的指挥能力更加怀疑了（后来，英军占领班加西时，蒙哥马利解除了拉姆斯登的军权）。

面对严峻的战局，蒙哥马利认为必须对军事部署作出调整，他在会议上宣布：

第一，作战任务不变，不过马上改变进攻方向。第三十军原地坚守米泰里亚山岭，不准向西南开进。

第二，澳大利业第九师担任主攻，向北朝海岸进攻，开辟新的进攻通道。新西兰等师返回休整。

第三，第十装甲军从夺取的桥头堡处，向西进攻。

第四，第十装甲师从新西兰师防区撤离，紧跟第十装甲军。

蒙哥马利的这一决定后来被证明对战役的取胜起到了关键作用。这次会议是阿拉曼战役的重要转折点。

会议结束后，蒙哥马利把拉姆斯登单独留下一小会儿。蒙哥马利对拉姆斯登说:"凭什么步兵或骑兵可以不计伤亡,而装甲兵却要撤退!如果你或者盖特豪斯不继续进攻,我将派别人代替你们。"

利斯和拉姆斯登等人根据新的命令立即行动了,蒙哥马利回到指挥部,静候佳音。

这次会议也是二战期间英国装甲部队作战模式的转折点,从此,蒙哥马利不敢再让装甲部队担负独立的作战任务,只让它们在各兵种的作战行动中担负部分任务,并不断给装甲部队施压。过去,英国的装甲部队指挥官们习惯对上级的命令评头论足,从这次会议以后,像这样的事再也没有发生过。蒙哥马利指到哪里,装甲部队就进攻到哪里,英军坦克更富有进攻性了。

10月25日的战斗仍在激烈进行着,在南翼进攻的英军第十装甲师被德意步兵部队死死地拖住,直到清晨仍然不能前进。

很多英军坦克仍停在米泰里亚岭背后,被行动迟缓的步兵堵在后边,陷入狭窄通道内无法前进。

第十三军在南面的进攻也遇到了强大的阻力,无法通过德军的地雷区,被迫停在德军的主阵地前。

★隆美尔马不停蹄地赶往非洲

10月25日清晨7时50分,隆美尔登上飞机,10时飞机飞抵罗马机场。

林特伦将军在机场等候,一看到隆美尔,他就神色慌张地向隆美尔报告:"部队剩下的燃油只够3天战斗消耗了。"

隆美尔生气地说:"我走时部队的燃油够用8天。这么多天没打仗,现在至少够30天的燃油才对呀。"

林特伦说:"这都怪我,前几天我才休假归队。在我休假期间,意大利政府对后勤补给工作又松懈了。"

隆美尔气得大喊:"意大利人必须采取一切紧急措施,包括动用潜艇和军舰,把燃油及时运到北非。快去通知他们!"

上午 10 时 45 分,隆美尔从罗马机场登上飞机。下午 2 时 45 分,隆美尔所乘坐的飞机降落在克里特岛机场上,飞机需要加油。德国空军第十军的瓦尔道将军在机场跑道上等候着隆美尔。

瓦尔道板着脸,把一份阿拉曼前线的最新情报递给隆美尔:"防线的北部和南部同时遭到英军装甲部队的强攻;经过再次寻找,我们找到了施图姆将军的尸体,将军死于心脏病突发。"

隆美尔转身刚要登机,瓦尔道将军马上拦住他说:"您白天绝不能乘坐这架亨克尔轰炸机,它会引来英军战斗机的。"隆美尔也知道事关重大,立即改乘一架高速的多尼尔新式轰炸机,立即飞往埃及。

下午 5 时 30 分,多尼尔轰炸机在埃及的一个小机场降落。一架斯托奇飞机早已等候在机场,隆美尔立即改乘斯托奇飞机继续向东飞去,直到夜幕降临才着陆。他又乘指挥车沿海岸道路向阿拉曼前线急驰。此时,远处的天空被阿拉曼的炮火照得通红。

来到"非洲军团"司令部,隆美尔又看到了那些熟悉的部下,遍地是石头和沙子的沙漠传来阵阵令人窒息的热浪,司令部里到处都是苍蝇和蚊子。他看了看那些又黑又瘦的士兵们,然后向全体"非洲军团"的官兵发出了他回到北非后的第一份通告:"从现在起,我再次荣幸地指挥你们。"

10 月 25 日夜,莫斯黑德指挥的澳大利亚第九师开始对"非洲军团"阵地发动猛攻,向前推进了 2700 米,在经过激烈的争夺战后,澳大利亚师于午夜时分,占领了北面的第二十九号高地。德军的一个营全部丧生,澳大利亚师也付出了很大的代价。

澳大利亚部队不愧是英联邦国家的一支劲旅,该师的一名士官,利用反坦克炮弹,一个人摧毁了德军的 5 辆坦克,第二次世界大战结束后,他因为这一惊人的战绩而到受到英国的嘉奖。

盟军军官为士兵举办讲座,以使他们更加适应在非洲作战。

在这次战役中,英军炮兵和空军的作用不容忽视。与柯克曼准将的炮兵部队一样,科宁厄姆空军中将的空军自10月23日战役开始,就给予了有力的支援。

科宁厄姆拥有550架飞机,大多数是装备精良的"飓风"式战斗轰炸机,远远胜过德国空军。因为德军的大部分先进的飞机和优秀的飞行员,都投入到了苏联战场。

结果,英国空军变成了天空的主人。英国空军在整个战场上空不断地飞行,把炸弹投向地面的"非洲军团",一个个德军的工事和着陆场在巨响中被炸飞。面对英国空军的大规模空袭,饱受英国陆军追击的德国和意大利官兵,只能一边阻击英军、一边慌不择路地躲避来自天空的空袭,损失惨重。

希特勒许诺向"非洲军团"提供的新式武器,隆美尔一件都没有得到。另外，墨索里尼远远不能满足"非洲军团"最低限度的军需要求。更让隆美尔伤心的是，希特勒对他已经失去了信任。在回来以前，希特勒在电话中向隆美尔解释说，他是迫于无奈才让隆美尔继续统帅"非洲军团"的。事实上，隆美尔误解了希特勒的意思。

10月26日黎明前，澳大利亚第九师逼近海岸公路，大大改善了英军炮兵部队的观察能力。由于第十装甲师和高地师仍未取得重要战果，导致整个英军第八集团军的进攻势头减弱了。蒙哥马利估计，这一变化很快就会刺激轴心国部队反攻的势头。

从10月23日到26日拂晓，新西兰师约伤亡1000人，南非师伤亡600人，澳大利亚师伤亡1000人，高地师伤亡2000人。英军伤亡和失踪总数约6000多人。

德军坦克等候上级下达反攻命令。

德军伤亡和失踪约600多人，意军伤亡和失踪约1500多人。

英军损失了约300辆坦克，但很难统计所损失坦克的精确数字，因为这必须随时搞清英军在控制的阵地上回收了多少辆坦克，有多少辆坦克就地修理，有多少辆坦克送到后方修理，而情况每时每刻都在发生变化。

10月26日清晨，隆美尔亲自侦察了被英军占领的第二十九号高地，他集中了所有的坦克，发起反攻，将英军打回原来的出发点。"非洲军团"向第二十九号高地发动了猛攻，英军拼命抵抗，战斗打得异常激烈。

蒙哥马利经过长时间的思考后，终于弄清了双方的真正形势。

10月26日中午，蒙哥马利发布了作战命令：高地师继续在第一目标地带内进攻；澳大利亚师准备于10月28日晚向北面发动第二次进攻；第三十军继续帮助第一装甲师推进到腰形山脊以外；第七装甲师继续休整。

为了重新部署部队并建立预备队，蒙哥马利准备派新西兰师去突破海岸工事，即进攻原来的北部走廊偏右处的德军阵地，从那里打开一个缺口给第十装甲师开道。

蒙哥马利称这一进攻计划为"增压"行动。作为该计划的第一步，他将尚未参加过激烈作战的南非师和印度第四师调到右面进攻，从而让新西兰师后撤休整。第二步，他派第七装甲师做好向北进攻的准备。与此同时，蒙哥马利命令第十装甲师继续向前进攻。

夜间，一个意军营攻占了第二十九高地的东、西两面。英军仍然控制着第二十九号高地，成为重要的作战依托点。

另外，隆美尔把预备队第九十装甲师于10月26日夜调到南部防线。德军第二十一装甲师和部分意军以及炮兵部队调到北部防线。

隆美尔知道因为缺乏燃油，一旦英军突破了南部防线，第二十一装甲师就很难返回了，因为该装甲师只带了单程的燃油。那样的话，"非洲军团"将面临被全歼的危险。可是，隆美尔首先必须做到的是顶住英军主力在北部发动的主攻。

被遗弃的"非洲军团"燃料运输车。

10月26日夜至27日黎明前,英军第十装甲师进攻了一夜。第十装甲师企图攻下两个德军的防御阵地,每个防御阵地距离腰形山脊约1.6公里。靠北面的那个防御阵地叫"山鹬",靠西南面的那个防御阵地叫"沙锥鸟"。

在第三十军和第十军炮兵部队的支援下,第十装甲师第七摩托旅的两个营应该在晚上占领这两个防御阵地,以便天亮时第十装甲师的第二装甲旅通过"山鹬",第二十四装甲旅通过"沙锥鸟"。

然而,就像阿拉曼战役中经常出现的情况一样,这次进攻未能成功,而是变成了惨烈的战斗。英军第二装甲旅无法通过"山鹬"阵地,但英军第二步兵旅经过血战后在黑暗中到达"沙锥鸟"阵地边缘。伴随第二步兵旅前进的是第七十六反坦克团,该团有13门反坦克炮和一些火炮。

10月27日,从天亮直到黄昏,在黑夜挖好的战壕里,第二步兵旅和第七十六反坦克团顶住了"非洲军团"发动的一次次猛攻。这支部队其实是独立作战的,因为第二十四装甲旅未能突破"沙锥鸟"阵地。第二步兵旅与自己的炮兵部队失去了联系。

同一天下午3时,隆美尔命令装甲部队和步兵主力向第二十八号高地发动了大规模进攻。可是,进攻失败了,"非洲军团"在无法隐蔽的地面上遭到英国空军的狂轰滥炸。

这时,隆美尔生气地坐在指挥车上,他在给妻子露西的信中伤感地写道:"谁都不能真正明白压在我肩上的这副重担有多么重,没有一张稍微大一点的牌可打。但我仍然希望能够渡过难关。"

夜里,心事重重的隆美尔失眠了,白天在阵地上看到的惨状像噩梦一样折磨了他整整一夜。10月28日清晨,战斗打得更加激烈。英军已经以

德军士兵正在擦拭武器。

绝对的优势冲了上来，"非洲军团"的弹药少得可怜。

隆美尔清楚，如果战败，"非洲军团"官兵的生死只能凭命运的安排了。战败后的一切都会让人难以忍受。但他深信自己已经尽了最大的努力去阻击英军。

隆美尔在给妻子露茜的信中写道："我并不怕死，如果我回不去了，我会从内心深处为我们的爱情和我们的幸福向你及孩子致谢。在上个月，我和你们在一起得到了最大的幸福。我在最后的一刻会想念你们。我死后你不要悲伤，你应该为我而感到骄傲。几年后，曼弗雷德就长大了，愿他永远发扬家族的光荣。"

通过3天的连续进攻，英军伤亡6000人，损失了300辆坦克。这时，蒙哥马利认为必须谨慎行事，决定停止大规模军事行动。

蒙哥马利认为有必要让第三十军和第十军进行休整，补充兵员、装备和给养。蒙哥马利把南部战线第七装甲师调到了北部战线，准备与澳大利亚第九师一起通过海岸公路发动猛烈的进攻。第十三军据守腰子岭和米泰里亚岭，新西兰师作为预备队。

10月28日上午8时50分，隆美尔向刚从前线召回的德军指挥官们下令说，这是一场生死存亡的战役，必须绝对执行命令。凡违抗命令者，无论职位高低，一律就地处决。隆美尔命令指挥官们记住作战计划，然后再把手中的计划书烧毁。

隆美尔认为蒙哥马利在发动大规模进攻前会进行试探性进攻，而进攻的主要方向将在北部。因此，隆美尔把更多的德军从南部防线调到了北部，把意军部队和战斗力弱的德军调到南部。

下午，隆美尔看到一张缴获的英军作战地图，证实了自己的决定完全是准确的。但这时，隆美尔无法把握战机，因为他没有足够的兵力发动反攻。

10月26日至28日两天的激战过后，"非洲军团"已经遭到了难以承受的损失:"非洲军团"能够使用的坦克从 148 辆减少为 77 辆。从进攻转为防御显然对英军是非常有利的。

蒙哥马利在英军阵地上配置了大量的坦克和反坦克炮,并且配置了大量火炮。隆美尔对英军阵地的正面发动连续反攻的做法被证明是自我毁灭的行动。隆美尔也知道这是不明智的行动。然而,隆美尔之所以采取这种行动,就像他后来回忆这次战役时所写的那样,只是为了能够争取到一点点的时间。

因为,隆美尔有一个巨大的困难——长期缺乏燃油。10 月 28 日晚,英军的 1 架"威灵顿"式飞机攻击了在希腊近海航行的油轮"路易西安

被盟军俘虏的"非洲军团"士兵。

诺"号，并把其击沉。

隆美尔曾这样写道："我之所以进攻，是为了可以先获得一个喘息的时间，等待时机加以改善，例如涅别尔韦弗团可能来到北非；又如，'非洲军团'可能真的得到虎式坦克，至少意大利人能够想办法改善一下补给情况。即使我们渡过了难关，我们能不能在北非战场上坚持更长的时间，仍然是值得怀疑的。"

隆美尔认为最好的办法是把装甲部队先撤到更远的地方，在那里建立一道新防线，这样，就可以像以前一样，把英军装甲部队先吸引过来，那时英军第十军和第三十军还没有通过阿拉曼雷区，"非洲军团"可以先把英军装甲部队击溃。然而，因为缺乏燃油，隆美尔放弃了这一尝试。

而蒙哥马利已经做好了防守反击的准备，这很快就能给英军带来他们所需要的决定性胜利。英军第十军和第三十军在腰形山脊地区转入防御；英军第一装甲师撤出了战斗，重新休整。而澳大利亚师在北边占领更多的地盘后，休整好的新西兰师沿着海岸继续进攻。新西兰师并不是单独进攻，它将得到几个步兵旅的支援，第九装甲旅也将支援新西兰师，第九装甲旅可以优先补足坦克。10月28日晚，英军第七装甲师奉命向北进攻，该师把第四轻装甲旅留下来休整。蒙哥马利派第四十四师的第一百三十一步兵旅去支援第七装甲师。

就这样，蒙哥马利建立了强大的预备队。当天晚上，澳大利亚师向埃尔萨山西北面进攻，一直推进到海岸的德军突出部的中心。

11月1日，英国飞机对意大利护航船队再次发动大规模空袭，击沉了满载石油和弹药的"特里波利诺"号运输船和供应船"奥斯蒂亚"号。德国被迫用运输机从克里特岛向前线空运石油，然而德国的运输机刚一起飞就遭到英军战斗机的攻击，严重地影响了空运。

 抓住了战场主动权

1942年10月29日，德军主力全都部署在北部防线，南部只剩下意军和人数不多的德军防守。这样，隆美尔就可以集中使用德军了。

作为回应，蒙哥马利决心像10月26日那样发挥英军的机动优势，再次通过重新部署部队来组建更强大的预备队，以发动最后的猛烈进攻。

蒙哥马利命令第一装甲师撤退，再次休整。第三十军也暂时撤退并休整。蒙哥马利把还没有参加过激烈战斗的南非师和第四印度师调到右边，替换精锐的新西兰师，让新西兰师再次休整。

蒙哥马利一次就把这么多的部队撤出前线的做法引起了英国上下的恐慌。

蒙哥马利是个作风强硬的指挥官，做什么事都把"军事需要"放在第一位，不屑于处理各种人际"关系"。结果，远在英国的高官们对蒙哥马利产生了误解，开始怀疑他的能力。

蒙哥马利的一些未经说明的军事行动使英国高官们对他产生了不良的看法，可是他缺乏这方面的直觉，并没有预见到这一点而加以防范。

蒙哥马利实在没有料到，他觉得完全正确的军事行动，竟会以完全相反的理解呈现在英国的惊慌不安的上司们面前。

10月29日上午，亚历山大、英国驻开罗的国务部长凯西和亚历山大的参谋长麦克里里少将赶到蒙哥马利的指挥部。

这时，蒙哥马利突然得知丘吉尔是多么的不安。当凯西问是否发一封电报给丘吉尔使他对这几个师的撤退有新的认识时，蒙哥马利回答说："如果你发了那样的电报，那么你会被首相撵出政治舞台的！"

当时，蒙哥马利制定了新的进攻计划，称之为"增压"行动。这次

第二章 决胜时刻

德军正在卸载装备。

代号为"增压"的军事行动将会超过非洲战争中人们所知道的任何一次大战。

在蒙哥马利的指挥部,他把"增压"计划向两位"客人"作了详细的介绍,得到了"客人"们的信任。回到开罗后,亚历山大立即向伦敦汇报,丘吉尔终于放心了。

凯西和亚历山大离开后不久,蒙哥马利接到了新的情报。原来,10月28日夜与澳大利亚第九师交战的德军部队是德军第九十装甲师,这表明隆美尔的主力部队已经调入北部战线了,同时表明隆美尔的手上已经没有强大的预备队了。

在"捷足"计划发动以前,蒙哥马利曾经说过,德军部队和意军部队混编在一起,若能把两军分割开来,那么由意军部队部署的阵地将不堪一击。

现在,德军和意军终于分开部署。这为英军集中力量进攻战斗力薄弱的意军提供了千载难逢的机会。蒙哥马利是不会错过这个机会的。

★蒙哥马利改变计划

蒙哥马利马上更改了"增压"计划,新的"增压"计划决定:澳大利亚第九师于10月30日夜至31日凌晨以前向北进攻,到达海岸,将隆美尔的德军部队引向北面。10月31日夜至11月1日凌晨以前,在北通路北面,以新西兰师为主攻,在第九装甲旅和2个步兵旅的配合下,向意军阵地发起总攻,打开深而长的缺口。随后,第十装甲军通过这道缺口。

蒙哥马利的作战意图是:歼灭"非洲军团"的装甲部队;与"非洲军团"在开阔地带进行决战,使"非洲军团"在长期的运动中耗尽燃料。切断"非洲军团"的补给线,打垮其补给勤务部队。将"非洲军团"赶出前沿着陆场和机场;最后使"非洲军团"全线溃败。

蒙哥马利根据"非洲军团"的新变化所作出的军事部署,使英军抓住了战场的主动权,使德军陷入困境。

10月30日夜,澳大利亚第九师发动了进攻。向海岸进攻时,澳大利亚第九师遭到德军的拼死抵抗,无法攻到海岸。在"非洲军团"发起的多次反攻中,澳大利亚第九师守住了阵地,占据着公路和铁路沿线的大片阵地,大约有500名"非洲军团"的官兵被俘。

与此同时,蒙哥马利加快了"增压"作战计划的准备工作。由于新西兰师和其他增援部队还未到达指定位置,蒙哥马利于10月31日6时30分决定把"增压"作战的进攻时间改为11月2日凌晨1时。

11月2日凌晨1时,英军的300多门火炮同时炮击"非洲军团"的主阵地,时间长达3个小时,主阵地变成了一片废墟。新西兰师在烟幕的掩护下,向意军防线发起猛攻,首先进攻的目标是第二十八号高地两侧的意军第二百步兵团。英军装甲部队立即率领步兵部队插入阵地,向西进发。

当时,英军投入作战的很大一部分坦克都是新坦克,这些坦克是临战前刚运来的,而前来交付坦克的乘员已经返回基地。这就需要装甲部队立即改变部队的编成,以便为新坦克提供乘员。许多担任炮手的士兵被提升为坦克指挥官。到处更换新坦克使英军很兴奋,他们解开坦克的工具袋,

盟军炮兵小组。

往里面装口粮和酒类等，发疯似地寻找更多的地图，在地图上作好标记。而这一切都是在黑暗中进行的。

大量新坦克的装备完全改变了英军的习惯，其无线电台必须根据各个团的频率重新校准，其弹药、燃油、润滑油、水和内部配件等都准备不完善。坦克里竟没有准备"汤姆生"式冲锋枪，也没有准备露营用的帐篷。新坦克的轮带没有上紧。许多零部件上沾满了灰尘和油污，而且还不能除掉，因为在黑暗里除垢，会造成关键的小零件丢失。

这就是英军装甲部队进攻时的情况，突然多了许多新坦克，也多出了许多麻烦。坐在政府办公室里的首相和大臣们以及许多没有实战经验的战后军事专家们在研究战争时，通常不知道许多真实的情况。

英军第一装甲师在黑暗中向前进攻，英军步兵部队习惯根据与坦克群的距离以及行进方向来识别坦克。在黑暗中，步兵部队忽然发现了新的坦克群。这被认为是德军坦克而引起了混乱。

隆美尔早就料到英军会向海岸进攻，他马上做了相应的调整。可是，他的德军太少，而意大利军队又是那么不堪一击。隆美尔没有料到英军竟有那么多新坦克，简直能把德军装甲部队的几十辆坦克淹没。

冯·托马的"非洲军团"司令部被炮弹打中，冯·托马受了伤。托马向隆美尔报告说：他的防线暂时勉强保下来了，若英军继续进攻，将无力抵抗。

11月2日凌晨5时，隆美尔驱车来到前沿阵地，了解阵地上的情况。隆美尔接到情报说，凌晨1时，英军的装甲部队和步兵部队在1公里宽的战线上越过了第二十八号高地西面的防御工事，正缓慢通过布雷区，试图开辟通道，激战仍未停止。

天稍微放亮后，隆美尔看到布雷区里有20辆被击毁的英军坦克。约有100多辆坦克排成纵队扑了上来，冲向大缺口。有20辆英军坦克越过了防线，这是德军防线崩溃前的预兆。

第二章 决胜时刻

当时,英军第九装甲旅的任务很艰巨。因为德军已经在拉赫曼铁路线上和泰勒阿卡基尔附近修筑了坚固的防坦克战壕工事。第九装甲旅旅长约翰·柯里向弗赖伯格报告说,第九装甲旅从正面进攻可能会受到50%的损失。弗赖伯格向蒙哥马利报告说:"第九装甲旅的损失可能超过50%。"而蒙哥马利说:"我准备接受100%的损失。"

由于英军坦克太多,许多坦克摆来摆去地沿着走廊推进时卷起的滚滚灰尘,使能见度降低;德军的炮击使英军坦克和步兵部队遭到重大损失与伤亡。第九装甲旅的一个分队迷失了方向,只好掉过头向回开。

在发起总攻时,第九装甲旅的3个坦克团的坦克只剩下94辆。由于英军没有准备好,结果发起总攻的时间推迟了半个小时,即6时15分才发起进攻。这一推迟尽管是难以避免的,然而却产生了严重的后果。因为

盟军士兵展示缴获的德军军旗。

它使隆美尔赢得了30分钟的补救时间，此时天逐渐放亮。

隆美尔指挥部队发起了反突击，堵住了4公里宽的缺口，接着双方进行了一场这个战役中最壮观的坦克战。几十辆"非洲军团"的坦克在大炮和反坦克炮的支援下冲了上去，英军成群的坦克似潮水般地围了上来。后来，英军的炮兵部队也赶上来参加了战斗。天空上黑压压的一片，到处都是英军的轰炸机，在英军轰炸机的疯狂轰炸下，"非洲军团"的坦克损失惨重。

经过2小时的激烈对战，"非洲军团"的反攻彻底失败。战场上留下了一座座废铁堆。北部战线的危局，迫使隆美尔命令南部防线的意军"艾里特"装甲师和炮兵部队的主力兵力增援北部防线。结果，整个防线更虚弱了。

英军第九装甲旅所发动的自杀性进攻变成了一场灾难。该旅的损失是惊人的：94辆坦克中，有74辆受损（后来有很多辆修好）；当天的战斗，该旅伤亡230人。但英军未能突破拉赫曼铁路线上的德军火炮防线。第九装甲旅摧毁了德军防线上的35门大炮。该旅的自杀性进攻，为第一装甲师的第二和第八装甲旅开辟了通道。但这两个旅的进攻也被德意部队挡住了。

"非洲军团"的损失也很大，几乎损失了它所剩不多的坦克中的70辆，且无法在英军的进攻下修复坦克。

蒙哥马利为他的"增压"计划未能取得突破而不满，他怀疑装甲部队没有尽力。但他并不知道的是，在8时15分时，非洲军团的冯·托马将军曾向隆美尔报告说，他的防线只是勉强维持住了，若英军再继续猛攻的话，将不可避免地崩溃。

可见，胜利的实质在于谁的意志更坚定，作为进攻的一方英军首先停止了进攻。事实上，英军通过"增压"作战已经奠定了胜利的基础。隆美尔分析了"非洲军团"的处境后马上决定，他的撤退方案是撤到富卡的防卫力量薄弱的预备阵地。但这样做也只是争取一点点喘息的时间而已，隆美尔在他发给德军统帅部的局势报告中这样写道："这时，我认为'非洲军团'将逐渐走向毁灭，因为我们什么都缺。"

上午11时，隆美尔接到在他预料之中的报告："约有400辆英军坦克越过二十八号高地西南的地段，正在向西进攻，德军坦克已经没有力量展开反攻了。"

很快，炮兵的哨所向隆美尔报告说，在布雷区J和K两地的对面阵地上，集结了500辆英军坦克。

这时，隆美尔的心情很沉重。隆美尔在给妻子露西的信中写道："形势对我们十分不利。英军以数倍于我们的兵力蚕食着我们的阵地。这是我们末日的来临。你能够想象我现在面临什么样的处境！"

危急关头，隆美尔命令第九十装甲师预备队参加战斗，才阻止了英军的攻势。可是，英军在已经占领的阵地上不断地增兵。

英军的第一百五十一步兵旅和第一百五十二步兵旅在第二十三装甲旅的支援下，开辟了一条3600米的通道。英军第九装甲旅紧跟了上来，以便赶在日出以前到达前方1800米处的阵地，为下一次进攻做准备。与此同时，英军第十军装甲部队快速出击，冲入突破口向纵深进攻。

很快，大批英军击垮了第二十八号高地西南面的德军第十五装甲师。新西兰步兵师跟随强大的装甲群向西进发，歼灭了1个意大利团和1个德国装甲营，随后猛烈地攻击德军的后勤给养部队。

英军坦克挺进到了德意防线的后方，在那里肆无忌惮，疯狂地攻击德军给养部队。德意防线终于开始崩溃了。

下午，隆美尔集中全部坦克，向英军进攻部队的两侧发动反攻。由于缺乏空中支援，在英国空军的空袭下，德军损失了大部分坦克，只剩下35辆坦克。在一天之内，"非洲军团"就消耗了450吨弹药，而德国只将190吨补充的弹药卸在了约480公里以外的托布鲁克港。

11月2日，英军的轰炸机群对二十八号高地以西的德军剩余防线进行了7次空袭。德军第二百八十八野战医院挂有红十字的旗帜，反而成为英军的重点轰炸对象，共有3名德国军医丧生。隆美尔十分恼火，他派人把俘获的英军军官带到野战医院，利用他们作为盾牌。

英军的强大攻势使德军无力抵抗。更使德军感到无奈的是，英军坦克的主力部队投入了几百辆先进的"谢尔曼"坦克。"谢尔曼"坦克比德军坦克先进了许多，它能在2公里以外的距离开炮，而且它还能在全速行进时快速瞄准目标开炮。88毫米的德国高射炮无法穿透它的装甲。

隆美尔爬上山头，察看两军交战的情况。他发现阻止英军的强大攻势是不可能的。

当天晚上，隆美尔得知英军第二梯队的装甲部队正在向突破口集结，准备发动更加猛烈的攻击。由于已经无力抵抗，隆美尔认为应该早点把部队带到阿拉曼以西的富卡，以免被英军全歼。南线兵力撤回自8月底所占领的阵地，北线德军和意军第二十军逐渐向西撤退。

隆美尔在临撤退前对军官们说："我们无法守住防线，因为整个阿拉曼北部防线已经崩溃了，包括布雷区和防御工事。我们现在已经到了退守富卡防线的最后时刻。"

当天夜晚，冯·托马将军向隆美尔报告说："我们已经尽了最大的努力，战线已经守住，但十分脆弱。明天能参战的坦克只剩30辆，顶多不超过35辆。预备队已经全部参战。"

只剩35辆坦克了！隆美尔对冯·托马说："我准备边打边退，退守西线。步兵部队今天夜里先撤退。"

德军装甲部队的任务是坚守到明天一大早，然后撤退。装甲部队必须牵制住英军，给步兵部队赢得撤退的时间。

20分钟后，隆美尔正式下达了撤退的命令。晚上9时零5分，"非洲军团"的最后一支部队也接到了撤退的命令。

与此同时,隆美尔向希特勒发出电报。隆美尔清楚希特勒不准他撤退,因此在这封电报中他并未明确提出他已经下令撤退,只是在文字中加入了令人难以觉察的暗示。

几乎同时,在英国伦敦郊外的布莱德雷庄园,刚截获的"非洲军团"电报被放入破译机中。打字机传送出隆美尔的电报全文。专家们开始分析译文。几小时后,英国保密局头目用电话向丘吉尔等几位官员作了汇报。

隆美尔向希特勒隐瞒了部队已经撤退的真实情况后,心里非常不安,他知道希特勒迟早会知道的,那时候,他的处境将会很惨。权衡利弊之

德军阵地前的 88 毫米高射炮。

后，隆美尔认为还是应该向希特勒汇报实情。

11月3日早晨8时30分，德国陆军元帅凯特尔跑进希特勒的地下室，要求面见元首。凯特尔把隆美尔夜间的电报递给了希特勒。

隆美尔在发给希特勒的电报结尾处低调地说："11月2日至3日夜间，步兵师调离了防线。"

希特勒气呼呼地不发一言。凯特尔连忙解释说，值班的军官没有注意到这句话的重要性，把电报作为日常文件了。

希特勒马上向隆美尔发报，这封电报充分地展示了他善辩的天才："我和全体德国人，抱着对你的指挥能力和在你指挥下的'非洲军团'的英勇精神的坚定信念，关注着你们在埃及进行的防御战。根据德国现在面临的形势，不可否认，你们只有坚守阵地，决不能后退，要把每一个士兵都投入战斗，除此以外毫无出路。大批空中援助将于未来几天内到达南线

英军士兵缴获德军88毫米高射炮。

空军总司令凯塞林处。我和墨索里尼必将尽全力增援你，以使你能继续作战。英国人的优势虽然很大，但我们意志的力量能够战胜强敌，这在历史上已经有先例了。你可向部下说明，不成功，便成仁，没有其他出路。阿道夫·希特勒"。

中午1时30分，英国的"超级机密"破译了希特勒的电报并立即把它转给亚历山大。接着，丘吉尔首相接到了急电："希特勒命令北非德军死守防线！"

希特勒的这封电报使隆美尔的心情糟透了，他说："当我看到最高当局的指示时，一种麻木不仁的感情攫住了我。"当时，德军装甲部队仅剩30辆坦克。当隆美尔将希特勒的电报递给冯·托马时，冯·托马说："不可能守住阵地。"

此时，英军的装甲部队追了上来，袭击德军南面暴露的翼侧。隆美尔让这些部队安全撤回去是非常困难的。隆美尔在大撤退时尽了最大努力，而英国空军在德军的战斗地域和撤退路线上空雨点般地轰炸、扫射。

11月3日晚，印度师和高地师发动了两次猛烈的攻势，随后更多的坦克和装甲车冲进开阔地带，而重型坦克则威风凛凛地向前快速推进。

阿拉曼战役的第十二天，蒙哥马利就迫使隆美尔撤退了。

 ## 双方胜负已经分明

面对希特勒的命令，隆美尔被迫停止撤退，他不愿违背希特勒的命令。隆美尔再次部署防线，准备与英军展开激战。

凯塞林亲自来给"非洲军团"打气。凯塞林是应隆美尔参谋部的邀请从罗马动身的，由于某些原因，他在克里特岛停留了一夜。

凯塞林在到来以前，曾想坚决服从希特勒的命令。凯塞林对随从参谋说："苏军的经验表明，防守现有的牢固阵地是最有效的策略。"

来到埃及以后，当得知隆美尔只有22辆坦克时，凯塞林马上改变了自己的看法，对隆美尔说："我认为你应该把元首的电报看成是呼吁，而不是不能改变的命令。"

"我认为元首的命令是必须服从的。"隆美尔认真地说。

"但也需要随机应变，"凯塞林劝道，"元首并不想让你和你的部队死在埃及。"

"我知道元首已经不信任我了。"隆美尔伤心地说。

隆美尔企图采用边打边撤的战术，因此他向凯塞林建议道："如果元首能对自己的命令作出明确的修正就太好了。"

凯塞林劝隆美尔马上电告希特勒："就说部队伤亡惨重，无法再守住防线。要在非洲立足的唯一机会就在于保存实力。"凯塞林自己也答应向希特勒报告这件事。

隆美尔向希特勒报告了这些事情。同时，他仍然执行希特勒死守的命令。

1942年11月4日晨，德军在特尔曼斯拉建立了一道脆弱的环形防线，一直到达铁路线以南约16公里处，与意军第二十装甲军连在一起。南部

防线由意军1个师、1个伞兵旅和第十军坚守。

上午8时,经过1个小时的炮击后,英军向"非洲军团"发动强大的攻势,突破了特尔曼斯拉防线,俘虏了"非洲军团"军长冯·托马。

黄昏时分,意军第二十装甲军向英军投降。英军第十三军越过了南段意军的防线,推进了8公里。靠近海岸的"非洲军团"面临被围歼的危险。与此同时,英军装甲部队到达了德军后方的开阔地带。

越来越多的德军部队被消灭,隆美尔发现已经没有选择了,命令部队向西撤退,以拯救出尚可拯救的兵力。

一天后,希特勒才命令隆美尔撤退,可是为时已晚,隆美尔已经无法据守富卡防线,只好继续向西撤退。

为了不被包围,隆美尔权衡利弊后,决定退守马特鲁。英军尾随追击。隆美尔的坦克和大炮所剩无几,给养状况严重恶化。

11月6日,5000吨汽油运到了德军后方的班加西港,距离马特鲁1100公里。向西200多公里的托布鲁克拥有7000吨弹药,可是这中间还隔着塞卢姆和哈法亚隘口。

11月7日晚,隆美尔决定边打边退,从马特鲁港退往西迪巴拉尼。德军顺着海滨公路通过哈法亚隘口,冲向利比亚。一路上车辆十分拥挤,纵队长达50公里,英军轰炸机群不断轰炸。由于交通管制得好,11月8日晚上大多数车辆到达利比亚。

至此,阿拉曼战役的胜负已经分明,"沙漠之狐"隆美尔就快成为蒙哥马利的猎物了。然而,蒙哥马利却犯了错误,使狡诈的隆美尔逃了出去。

在阿拉曼进攻战的筹划中,蒙哥马利把关注的焦点放在了怎样打败隆美尔上,对于把隆美尔打败后怎么办准备还不充分。因此,蒙哥马利所指挥的追击是无力的,低速的。蒙哥马利的"猎狐之网"是一张破网。

在此应当指出:歼灭隆美尔的最关键时刻就是11月4日。在这一天里，隆美尔几乎是无法跑掉的，但蒙哥马利却没有把握住这次机会。

蒙哥马利多次利用暴雨为自己辩护。他在写给英国朋友的一封信中写道："一场大雨救了隆美尔，当我差不多快赶到马特鲁港，就要进攻隆美尔的运输车辆时，一场大雨把沙漠变成了泥塘……"然而，大雨给双方的军队带来了同样的困难，德军也吃尽了大雨的苦头。

隆美尔回忆说："当时下起了大雨，使很多道路都无法通行，迫使我们几乎完全走向海岸公路，从而使交通变得拥挤不堪。"

★蒙哥马利的"谨慎"救了隆美尔

事实上，在下雨以前蒙哥马利早就失去了追击的大好机会——这是因为过分谨慎、过分注意作战而忘记乘胜追击。如果深入沙漠展开追击，到达塞卢姆悬崖关隘那样一个更远的关隘，那就不会因天气缘故而遭到被阻击的风险——因为在内陆沙漠难得下雨。

蒙哥马利是个十分谨慎的将领，喜欢按部就班地做事。在那些追击的日子里，保持绝对优势和后勤保障的正统观念促使他不敢采取大胆的追击行动。

在马特鲁港，蒙哥马利差点遇难。蒙哥马利与护卫人员在英军先头部队的后面前进。蒙哥马利的前面，包括蒙哥马利的继子在内的一支侦察小分队，去马特鲁港以东的海岸为作战指挥部选择驻地。没想到，这支侦察小分队被德军后卫部队俘虏了。

如果不是蒙哥马利的护卫队由于一场小小的遭遇战而被迫停止前进的话，他很可能走进了德军后卫部队的俘虏营。这次遇险使蒙哥马利刻骨铭心，对善于防守反攻的隆美尔更加小心应付。

阿拉曼战役使"非洲军团"受到重创，隆美尔指挥德军撤出阿拉曼时，只剩下30多辆坦克，意军则全军覆灭。

"非洲军团"共伤亡2万人,被俘3万多人。在大撤退中,又有近万人被英军俘虏。"非洲军团"损失1000多门火炮、450辆坦克。英军第八集团军伤亡1.35万人,损失了100多门火炮,500辆坦克。

面对巨大的伤亡,很多英国指挥官为此痛心疾首。在长达12天的战役中,英军第五十一师道格拉斯·魏姆伯莱少将看着官兵们的尸首从战场上拖走时,忍不住大喊:"再也不要了!"

当有人问第九装甲旅的约翰·库利尔,他的装甲旅哪去了时,库利尔伤心地指了指仅剩的12辆坦克:"那就是我的装甲旅。"

此时,蒙哥马利却欣喜若狂,神采飞扬。他身穿灰色针织毛衣,下

几名撤退到马特鲁港的德国空军士兵,站在一架坠毁的埃及水上飞机旁。

图说 二战战役 浴血阿拉曼

英军在阿拉曼战役中为牺牲的士兵举行葬礼。

穿卡叽布裤子，脖子上围着漂亮的围巾，对一群围着他的战地记者们说："这真是一场漂亮仗，英军取得了绝对的胜利。"

蒙哥马利引用第一次世界大战时期英国人形容德国人的下场所说的一句话："德国暴徒完蛋了！完蛋了！"

在遥远的利比亚，还有一股长长的纵队，隆美尔正在努力拯救着剩余的部队。可是，恐怕他已经很难有所作为。随着德军的撤退，隆美尔的厄运已经来临。

"非洲军团"在阿拉曼的惨败，使希特勒的钳形攻势彻底失败，使德国和意大利失去了非洲战场的主动权。它表明轴心国妄图吞并北非、建立地中海帝国美梦的破灭，对北非的局势，对整个地中海战区的形势，都产生了严重影响。

阿拉曼战役是第二次世界大战非洲战场的重要转折点。

亚历山大在11月9日战役全部结束后发给丘吉尔的电报中把这次战役的准备措施和打法作了很好的归纳：

"阿拉曼战役分为四个阶段：我方参战部队的编组和集结以及所采用的欺骗措施，为我们赢得了战役的突然性，突然性是打赢这场战役的重要因素之一；突破性的进攻打开了一个缺口，突入敌人的防御纵深，利用这种突入我们形成了翼侧，为进一步扩大战果提供了更多机会；到处进行突击以吸引德军兵力，使德军在堵塞突破口的战斗中以及连续的反攻中耗尽预备队；实施最后突击，瓦解德军的最后防线，让我们的装甲部队和机动部队源源不断地推进。"

阿拉曼战役的制订及贯彻执行都是由蒙哥马利负责的。蒙哥马利认为亚历山大作出了特殊的贡献，说："我经常把一切情况报告给亚历山大，他对我的作战计划给予了绝对信任。"

蒙哥马利在《通往领导的道路》一书中谈到艾伦·布鲁克勋爵时这样写道："我喜欢上司只告诉我任务是什么，然后放手让我去干。"

英军第八集团军士兵将德军旗帜撤下。

第二章 决胜时刻

盟军士兵正在查看缴获的德军88毫米高射炮。

英军士兵正在布设营地。

被英军击中的德军坦克。

被俘虏的德国和意大利士兵。

第三章
"火炬"行动

 "火炬"计划最终出台

法属北非包括法属摩洛哥、阿尔及利亚和突尼斯。摩洛哥地处非洲西北端,东与阿尔及利亚交界,南与西属撒哈拉沙漠接壤,西临大西洋,北隔狭窄的直布罗陀海峡与西班牙相望,面积约45万平方公里。1912年沦为法国的殖民地。另外,狭长地区和南部的一个地区沦为西班牙的殖民地。

阿尔及利亚地处非洲西北部,北临地中海,与西班牙、法国隔海相望,东与突尼斯、利比亚接壤,南与尼日尔、马里、毛里塔尼亚交界,西部与西属撒哈拉相邻,面积为238万平方公里。1830年,阿尔及利亚沦为法国殖民地。

突尼斯地处非洲北端,北、东临地中海,隔突尼斯海峡与意大利相望,东与利比亚交界,西与阿尔及利亚交界,面积约16万平方公里,1881年成为法国的殖民地。

早在1941年12月,丘吉尔访美时,曾向罗斯福提出在北非登陆的计划,以彻底歼灭隆美尔的德、意军队,控制地中海,巩固中东,为日后在意大利和德国的军事行动创造有利条件。

1942年上半年,盟军在太平洋上作战,无法直接减轻苏联的压力,而且将会推迟任何对欧洲作战的计划。美英两国发现,如果两国不利用德国忙着对付东方苏联的机会对付德国,而一旦苏联崩溃,两国就会发现在西方面临的德国是如此强大。到那时,两国虽然还能和德国继续进行空战,但决定胜利的陆战机会已经消失。这场世界大战将变得旷日持久。

1942年7月,罗斯福和丘吉尔在商讨"火炬"计划时,已经紧锣密鼓地开始选拔盟军总司令的工作。他们都看上了美国陆军参谋长马歇尔。

丘吉尔只是出于无奈，因为联盟战争多半是哪国的实力强就由哪国的将军出任盟军统帅。

马歇尔足智多谋，富有远见，是最合适的人选。但罗斯福离不开马歇尔，马歇尔也想推荐陆军参谋部作战部部长艾森豪威尔担任盟军统帅。

这一年的5月中旬，马歇尔派艾森豪威尔前往伦敦视察，要求艾森豪威尔把英国作为美军最大的反攻基地提出意见。

6月8日，艾森豪威尔把《给欧洲战区指挥将领的指令》草案提交给马歇尔。马歇尔说："你可能是执行它的人。如果真是那样，你什么时候能赴任？"

8月14日，美英联合参谋长会议正式任命德怀特·艾森豪威尔将军为盟国远征军总司令，美国的克拉克少将任副总司令，史密斯任盟国远征

盟军远征军总司令德怀特·艾森豪威尔。

军参谋长。

艾森豪威尔在1939年还是中校，1943年就晋升为四星上将，1944年晋升为五星上将之一。他之所以升迁如此之快，主要在于他的军事才能和外交手腕，而最关键的是1941年12月马歇尔任命他为陆军参谋部作战部部长。作战部长一职迫使艾森豪威尔把美国的战略和全球战略联系起来，迅速增长了领导才能。

北非登陆是由英美部队联合实施，要把两国的陆海空军的军事行动协调好，这是个很难的差事。

艾森豪威尔在西点军校学习时，了解到拿破仑时代反法联盟失败的原因之一是内部不团结，盟军之间的分歧太大。艾森豪威尔发现，妨碍美英军队团结的因素太多了。如由于美军的薪水比英军的多几倍，英国女人对美军官兵的青睐引起了英国官兵的普遍反感；美军官兵喜欢自吹自擂，大言不惭，但却缺乏战斗经验，引起了英国官兵的蔑视；美国官兵对英国人抱着"我们又要为英国人作战"的态度，瞧不起英国官兵；两国的民族主义观念都很强，民族心理和语言不同；英美两国的军事机构区别很大，战术、指挥和参谋程序不同，造成了两军之间的误解很多。而且，关于艾森豪威尔的权力没有正式的规定，即使有规定也没有太大的作用，只有取得英军的信任才能建立盟军统帅的权力。

★ "火炬"计划的指挥班底

为了保证"火炬"计划的胜利，艾森豪威尔要求美英两国陆、海军组成的特混舰队统归一人指挥，在其总司令部内成立新参谋班子——联合部队指挥部。在联合部队指挥部中，美、英参谋军官各占一半，负责作战计划的制定。

艾森豪威尔以他的才干、热情的微笑、谦逊的态度，消除了高傲的英国官兵的疑虑。丘吉尔说艾森豪威尔是世界上最乐观的人。

艾森豪威尔需要新型的最高司令部。他说："我要做的第一件事就是组织一个参谋班子。"艾森豪威尔从马歇尔将军那里借来了沃尔特·史密斯准将，当盟军参谋长。史密斯准将善于处理日常事务和分析重要的战略问题。史密斯既擅长协调人际关系，又擅长军事事务。

艾森豪威尔把密友克拉克将军调到伦敦，让他担任盟国副总司令。克拉克和艾森豪威尔曾在同一个连队服役，富有才能，为人谦虚。

艾森豪威尔的后勤总指挥官是约翰·李将军。李任职后立即开始了繁重的工作，例如准备港口和建造仓库、建造营房、建造停机坪和修理设备等等。在李将军的指挥下，规模庞大的供应工作进行得有条不紊。

盟军空军司令是斯巴兹将军，斯巴兹于7月赶到伦敦，负责指挥美军第八航空队。

艾森豪威尔又想起了"没人要的狗东西"——乔治·巴顿，巴顿的脾气很大。乔治·巴顿比艾森豪威尔大8岁，是当时美军最优秀的陆军指挥官。巴顿参加过第一次世界大战，获得了优异服务十字勋章和上校军衔。这时，巴顿正在美国的加利福尼亚州的一片沙漠上训练装甲部队。

这是艾森豪威尔向马歇尔第二次点名要巴顿。1942年8月9日晚，艾森豪威尔邀请巴顿，用过晚餐便讨论"火炬"计划。巴顿是奉马歇尔的命令来伦敦的，后来，巴顿奉命指挥盟军西部特遣舰队，直接从美国本土赴摩洛哥实施登陆战。

原定在"火炬"计划中指挥英军的著名将领亚历山大将军后来突然被调到埃及，由蒙哥马利接替。很快，蒙哥马利也被紧急调往埃及，去指挥英军第八集团军，阻止隆美尔的部队继续向亚历山大港和开罗推进。英军由肯尼思·安德森中将指挥，后来安德森与艾森豪威尔的合作十分融洽。

初秋，英国解除拉姆齐海军上将的盟国远征军海军司令一职，继任的是安德鲁·坎宁安海军上将。坎宁安曾经率领英国地中海舰队多次大败意大利海军。坎宁安不畏艰险，富有才智，十分执拗。艾森豪威尔总是管坎

美国M3"谢尔曼"坦克。

宁安叫"老水手",美英两国的陆海空军官们都拥戴坎宁安。

"火炬"计划形成过程之中经过了很多次激烈的辩论和更改。英美两国的海军长期强调海军的护航舰艇缺乏。

8月11日,艾森豪威尔在伦敦召集美国远征军的军官们主持一次会议,出席会议的多数是美国的海军将领,其中有美国的海军上将斯塔克、海军上校弗兰克·托马斯,还有陆军的巴顿少将。

托马斯上校把"火炬"计划描绘得十分不利,还说可能会遇到一两艘德国航空母舰的威胁,事实上,德国根本上就没有航空母舰。托马斯越说越不利,引起了巴顿的强烈不满。

由于艾森豪威尔的制止,巴顿与托马斯之间才避免了激烈的争论。艾森豪威尔说,"火炬"计划是罗斯福总统和丘吉尔首相下的命令。不管有多大困难,必须实施"火炬"计划。哪怕是他一个人划着小船去,也要进攻北非。

美国海军正在进行战争前的准备工作。

盟军指挥部在制定"火炬"计划时，首先需要确定登陆的地点。突尼斯的两大港口城市——比塞大和突尼斯是指挥部优先考虑的目标。占领了比塞大和突尼斯的机场，盟军就可以轰炸西西里岛，为地中海的盟国护航运输队提供空中支援，并炸沉意大利的护航运输队。由于突尼斯离德、意位于在西西里岛上的机场很近，而且远远超出了盟国陆基战斗机支援的航程，在突尼斯登陆等于自投罗网，因此没有被选中。英国参谋们想在阿尔及利亚的波尼登陆，因为他们认为隆美尔会发起大规模阻击战。在波尼登陆后，可以早日向突尼斯推进，支援向突尼斯进攻的英军第八集团军。但美军参谋们担心特混舰队由直布罗陀海峡通过，西班牙会进行干涉，使美英特混舰队封闭在地中海。

卡萨布兰卡是通过阿特拉斯山脉的一条向东穿过奥兰、阿尔及尔至突尼斯的漫长的铁路的终点。如果没有这条铁路，英美进入北非的陆军就有被切断的危险，甚至想突围都要冒很大的风险。因此，美国陆军想把大西洋沿岸的摩洛哥作为登陆地点。但美国海军不同意从卡萨布兰卡登陆，因为卡萨布兰卡海岸波涛滚滚，不适合登陆艇登陆。

奥兰附近的机场对于日后作战是重要的，阿尔及尔是北非的政治、经济和军事中心，这两个地方势在必夺。英美双方都同意在这两个地方登陆。

由于护航舰艇和登陆艇不足，盟军只能在三个地点登陆。这时产生了两种方案：一个方案是美国提出在卡萨布兰卡、奥兰和阿尔及尔登陆，另一个方案是英国提出在奥兰、阿尔及尔和波尼登陆。

盟军指挥部研究了很长时间，由于突尼斯的诱惑力非常大，使艾森豪威尔决心放弃卡萨布兰卡，在奥兰、阿尔及尔和波尼登陆，向"非洲军团"在北非的战略要地突尼斯进军。

8月25日，美国参谋长联席会议送达艾森豪威尔一份备忘录：登陆重点位于卡萨布兰卡，登陆部队通过直布罗陀海峡风险太大；必须抢占卡萨布兰卡控制那条铁路线；不能在波尼登陆，美英空军无法对德意空军作战半径内的波尼提供强有力的空中掩护。

艾森豪威尔被迫服从这一命令，事后证明这一决定是大错特错的，盟军只能沿陆地逐步推进，德军抢先一步占领了突尼斯。虽然盟军最终战胜了"非洲军团"，但却付出了巨大的代价。

美英两国达成折中方案，确定北非登陆的目标是3个位于德国空军作战半径以外的港口：地中海沿岸的阿尔及尔和奥兰（法属阿尔及利亚），大西洋沿岸的卡萨布兰卡（法属摩洛哥）。

美国参谋长联席会议还反对把阿尔及尔作为主要登陆点。9月1日，

正在放哨的英军士兵。

丘吉尔致电罗斯福："我们认为重要的是，阿尔及尔是最好的，也是最有希望的登陆地点，阿尔及尔对整个北非是最具决定意义的。如果德军在突尼斯先发制人，那么，在整个地中海地区力量的对比将是可悲的。"

9月4日，丘吉尔曾准备向美国政府严厉指出，既然设置盟军最高统帅一职，但美国又不给艾森豪威尔确定具体计划的权力，那么艾森豪威尔又能起到什么作用呢？还未等电报发出，罗斯福便致电丘吉尔：同意从卡萨布兰卡和奥兰登陆的部队中各抽调5000人，以加强阿尔及尔的登陆兵力。

关于"火炬"计划的时间，罗斯福说"时间是重要的因素"，曾经提前到10月15日。9月22日，由丘吉尔主持、艾森豪威尔参加的参谋长会议上，经过一番激烈的辩论，作出了最后的决定："火炬"计划的日期定为11月8日。

向奥兰和阿尔及尔出发的两大特混舰队，慢的一支10月22日出发，快的一支10月26日出发。为的是使两大护航舰队能在11月5日晚同时驶过直布罗陀海峡。部分英国地中海舰队马上前来接应，面对庞大的英海军舰队，意大利海军不敢拦截。

"火炬"计划的具体作战计划是：盟军攻占3个港口城市后，英军必须先于德军抢占突尼斯的港口城市；美军应从卡萨布兰卡向西班牙属摩洛哥边界挺进，防止西班牙加入轴心国。西班牙海军威胁着通过直布罗陀海峡的盟国远征军补给运输线。

在决定进攻的时间方面，考虑到初秋的天气会不断地恶化，还要在3个地点同时登陆，美英两军的参谋们都认为应该尽快抓住时机发动进攻。

为了实施"火炬"计划，盟军出动了13个师，300艘舰艇和370艘运输舰，1700架飞机，编成东部、中部和西部3大特混舰队。东部特混舰队，由英国海军载运英军2.3万人、美军1万人，从英国出发，在阿尔及尔登陆；中部特混舰队，从英国出发，由英国海军载运3.9万名美军在奥兰登陆；西部特混舰队，从美国出发，由美国海军载运3.5万名美军，在卡萨布兰卡登陆。

占领以上港口后，后续运输船队不断地运送增援部队和物资，直到完全占领北非为止。盟军总司令艾森豪威尔将军担任总指挥，英国坎宁安海军上将担任盟军海军总司令。登陆战役的空中掩护任务由英国航空兵部队负责。

登陆后，从阿尔及尔登陆的英军第一集团军抢占突尼斯，盟军必须抢在德国派兵增援以前，占领法属北非。

 巴顿做好了最后准备

1942年7月30日,马歇尔将军决定把"火炬"计划,即北非登陆战役中美军的主要指挥权交给巴顿。

由此,在北非战场,继隆美尔、蒙哥马利之后,又一位战争天才登场了。他就是乔治·巴顿。

★乔治·巴顿

1885年11月11日,巴顿出生在加利福尼亚州。巴顿的曾祖父是美国独立战争时的一位准将,祖父和父亲都毕业于弗吉尼亚军事学院。

巴顿自小受到良好的教育,他18岁时进入私立弗吉尼亚军事学院学习,一年后获得了西点军校的保送资格。19岁时考入西点军校,成为1908级学员。巴顿把杰克逊的一句名言作为格言:"不让恐惧左右自己。"

巴顿从一个愚钝胆怯的孩子成长为一个杰出的军事天才,从一位年轻冲动的士兵,磨炼成一名身经百战的将军,有成功的喜悦,也有过超出常人想象的痛苦经历。

那时,马术和剑术是必备的军事技术,他刷新了几项学校比赛的记录。

巴顿发现自己在危险面前并非毫无顾虑,他决心克服恐惧心理。在骑术练习时,他总是挑最难越过的障碍;在西点军校的最后一年,有几次射击训练,他突然跳起来进入火线内。父亲批评了他,他说:"我只想锻炼自己的胆量。"

1909年,巴顿从西点军校毕业,军衔为少尉,被派到骑兵部队服役。

两年后,巴顿被调到华盛顿附近的梅叶堡服役。由于继承遗产和婚姻

第三章 "火炬"行动

美国四星上将巴顿。

而拥有几百万财产的巴顿受到了人们的欢迎。

巴顿对1912年国际奥林匹克竞赛项目中刚刚增加的军事五项全能比赛很感兴趣，当年他到斯德哥尔摩去参加了该项比赛。当他完成300米游泳到达终点时，大会工作人员用船钩把他从池中打捞上来。在4000米越野赛中，他晕倒在终点线上。他成为第五名，是美国参赛军官中表现最好的。

回国途中，巴顿设计了一种马刀，被骑兵部队所采用。巴顿被命名为陆军的第一位剑术大师。

第一次世界大战爆发后，巴顿要求去法国参战，没有被批准，他被调往布里斯堡，在潘兴将军手下的第八骑兵团服役。

1916年，巴顿随潘兴将军到达墨西哥，镇压墨西哥农民革命。巴顿深入墨西哥境内追击墨西哥人维拉，将他击毙，成为美军唯一的亮点。

潘兴称他为"真正的斗士"，巴顿得到潘兴的赏识，成为潘兴的副官。1917年4月17日，巴顿随潘兴来到法国，仍做副官。

巴顿感到在美国远征军的司令部里很难有所作为。

9月初，巴顿求见潘兴，请求把他下放到部队去。此时，潘兴正准备组建美军第一支坦克部队，就命巴顿创建坦克部队。

11月9日，巴顿先赴英国博文顿坦克学校和法国夏普勒坦克学校学习。1918年7月，巴顿创建了6个坦克连。

1918年9月12日，圣米耶尔战役打响，巴顿指挥第五军坦克进攻。在向庞奈城进攻时，巴顿驾驶着一辆坦克攻进城，向贝内城方向驶去。由于当时的坦克太慢，他跳下坦克步行。

他孤身陷入德军兴登堡防线内，冒着敌人的枪弹爬回阵地。当他遇到后边的美军坦克时，率5辆坦克抢先攻入贝内城，走到农萨尔城。他两天没有睡觉了，只吃了几块发霉的饼干。

当他发现农萨尔的25辆坦克耗尽汽油时，立即寻找燃料。他在泥潭里和黑暗中走到塞谢普雷，跳上摩托车到坦克部队司令部报告。

第二天，德军全线崩溃，美军行动迟缓。巴顿率部进行猛烈的追击，取得了对兴登堡防线进攻的重要胜利。但巴顿却被炮弹掀倒在弹坑里。

11月，巴顿从医院逃出来，赶赴前线，11月11日，第一次世界大战结束了。

第一次世界大战结束后，美国军费大幅度削减，装甲部队最不受重视，巴顿只好自己掏钱从事坦克的技术研究工作。1920年夏季，巴顿回到骑兵部队。

1938年7月1日，巴顿赴克拉克堡，担任第五骑兵团团长。凡是派到克拉克堡的军官通常不久就会退休。

第三章 "火炬"行动

1938年10月16日，马歇尔升任美军副参谋长。巴顿的军事才能引起马歇尔的重视。马歇尔把巴顿调到迈尔堡，因为巴顿是美国装甲部队的创建者。

1940年6月，希特勒出动机械化和摩托化部队摧毁了法国人的抵抗。7月10日，马歇尔批准组建一支装甲部队，把巴顿调到本宁堡。1940年7月，巴顿担任第二装甲师的旅长，不久升任师长，晋升为少将。

巴顿早年的传奇经历再次成为美国人民的热门话题。巴顿的"勇敢和机智"，被记者们篡改为"赤胆和铁心"。

巴顿为了修理325辆旧坦克，自掏腰包，至死都不肯说出为此花了多少钱。巴顿对坦克手们说，你们必须杀死敌人，否则敌人就杀死你们，要扎透敌人的肚皮。巴顿组织官兵们进行繁重的训练，在2月的检阅中，第二装甲师以完美的队列通过检阅台。

第二装甲师在田纳西、路易斯安那和卡罗莱纳参加大规模的演习，是全军最出色的装甲师。

1942年3月27日，巴顿来到因迪奥附近的沙漠中，领导新创建的沙漠训练中心，训练美国"装甲部队"。

英国和美国的很多高层人物对"火炬"计划深表忧虑。马歇尔派巴顿去伦敦考察情况。巴顿在伦敦的十天里，碰到很多"失败主义者"。

巴顿为"火炬"计划到处游说，说服了小特拉斯科特准将、美国驻伦敦海军司令员斯塔克海军上将、英海军的蒙巴顿勋爵和英国海军的将领们，最后使"火炬"计划在艾森豪威尔主持的会议上通过。

在大西洋彼岸的美国，巴顿做好了出征前的最后准备。10月20日，巴顿写下遗嘱，叮嘱妻子只有在"确认我真的死了"以后才能拆开。巴顿到白宫向罗斯福总统辞行，并保证说："阁下，我只说，我决心不成功便成仁。"

艾森豪威尔（前排左四）及巴顿将军（前排左二）与美国将领在一次会后合影。

10月21日晨，巴顿赴沃尔特·里德医院向潘兴老将军辞行。潘兴正因没有人再来征求他的意见而感到难过。潘兴说起1916年巴顿打死墨西哥人的事。

巴顿说，那柄手枪还挎在身上。潘兴说："希望你用它打死德国人。"巴顿戴好军帽向潘兴告别，潘兴立即起身还礼。

10月22日、26日，东部、中部特混舰队相继从英国出发。10月24日凌晨2时30分，巴顿乘坐"奥古斯塔"号从弗吉尼亚的诺福克港出发。西部特遣舰队共3.4万人，由美军组成，将横跨大西洋，航程达5500公里，向卡萨布兰卡进发。

摩洛哥的大部、阿尔及利亚和突尼斯是法国在北非的殖民地。1940年法国战败以后，德国出于政治上的考虑，让法国保留了对法国南部和法属北非殖民地的统治。

"火炬"计划的策划者们知道，最大的障碍将来自法军而不是德军。法军尽管在本土已经战败，但他们仍然控制着法属北非。

法属北非的不同殖民地国家的法军军官们对盟军的态度大不相同，一些军官热情地拥护盟军；一些军官支持美国但却仇恨英国；剩下的军官完全被德国镇住了，他们把任何针对德国的援助都看成是徒劳无益的。

法国及其在法属北非的军政首脑与美国国务卿赫尔有联系。他们中有些人痛恨德国人。魏刚、吉罗、朱安等法国将军是亲美派，魏刚曾对美国人说："如果你只带一个师来，我将向你开枪，如果你带20个师来，我就会拥抱你！"

但是法属北非的军官们都发誓要向法国政府尽忠职守。法国政府是在法国沦陷后建立的，它统治的是法国南部。希特勒之所以允许法军继续占领北非，就是因为法国政府承诺：如果盟军入侵北非，法军会保护自己的领土。

法国政府与英国绝交了，试探法国人态度的任务落在美国驻北非总领事罗伯特·D·墨菲的身上。他先是出任美国驻法国大使，后来成为美国驻维希法国的大使。墨菲在法国结识了很多朋友。

墨菲在盟军进攻北非前两个月，偷偷地来到伦敦。他来的目的是向艾森豪威尔作一个简单的情况汇报。艾森豪威尔还不太被美国人民所熟悉，许多美国报纸竟把他的名字拼错。

艾森豪威尔和部下们对北非的原始乡野、丛林产生了深刻的印象，墨菲说，法属北非更像是加利福尼亚。随后，墨菲把阿尔及尔市和卡萨布兰卡的情况详细地介绍给艾森豪威尔。

图说 二战战役 浴血阿拉曼

美军士兵正在检修航母上的舰载飞机。

墨菲提出,如果法军认为"火炬"计划是美国单方面的登陆行动,他们很可能不会抵抗,因为法美之间有深厚的传统友谊。如果他们认为"火炬"计划完全是英国的事情,法国就会死战到底。

法国人极其憎恨英国人,认为英国人背信弃义,倒行逆施。法国战败后,英国海军竟然攻击了在法属北非的法国舰队,使法国损失5艘战舰。最重要的是,英国还保护由戴高乐组建的"自由法国"流亡政府。

"火炬"计划在很大程度上取决于驻守北非的法军是否抵抗。法国维希政府驻在北非的军队装备了500架飞机和14个师20万人。法军足够给登陆的盟军以致命的打击。在北非各港口还有法国舰队，只要北非法军决心抵抗，他们完全能够阻止盟军登陆。

罗斯福发动了政治攻势，希望美军的登陆会引起北非法军和当地人的反纳粹起义。

罗斯福不顾反对，拒绝与法国断绝外交关系。美驻法国大使莱希海军上将的主要任务，是使法国摆脱德国控制法属北非。

盟军副总司令克拉克少将秘密前往法属阿尔及尔，与美国领事馆总领事墨菲和亲美的法军军官们进行了秘密会谈。克拉克要求这些法军军官们在战斗开始时尽量保证盟军登陆计划的实施。这些法军军官的行动为盟军的登陆，尤其是在阿尔及尔的成功登陆做出了贡献。但英国海军曾经使法国海军受到重创，极大地激怒了法国海军，因此争取北非法国海军的工作失败了。

达尔朗海军上将是法国的副元首和驻北非的法军总指挥，他的儿子突然得了小儿麻痹症，正在阿尔及尔住院。达尔朗于11月5日飞回北非。达尔朗对英国海军十分仇恨，只好依附德国。

驻北非的美国总领事墨菲和亲英美的法国北非军事长官朱安将军感到为难，只要达尔朗不离开阿尔及尔，朱安就没有权力让驻北非的法军投降。

达尔朗于1881年出生在法国加伦河岸一个叫内哈克的小村庄。一战以前，达尔朗先后在法国海军"沃尔德克·卢梭"号和"贞德"号上服役。

第一次世界大战期间，达尔朗在陆地上经历了战争。1918年，达尔朗成为一艘轻型巡洋舰的舰长。后来，他得到法国军事内阁的海军部长乔治·莱格的赏识，出任他的首席副官。

1927年，达尔朗成为"贞德"号的舰长。1929年，达尔朗的军衔为海军少将。1932年，升为海军中将。1936年10月1日，达尔朗出任法国

图说 二战战役 浴血阿拉曼

美军士兵集结完毕,准备奔赴阿拉曼战场。

海军参谋长，跻身于法国海军高层。

从1930年起，达尔朗开始影响法国海军的政策导向。他是个反英派，对英国十分不满。1940年6月22日，法国向德国投降。法国维希政府成为德国的傀儡，纳粹德国实际统治着法国。达尔朗是维希政府的首任海军部长，1941年初，兼任外交部长。随后，达尔朗又身兼多职，还担任了法国副总理。1941年8月，达尔朗升任法国国防部长。人们普遍认为达尔朗将是贝当总统的继任者。

当时，名义上统治着法国和庞大海外殖民地的维希政府其实是一盘散沙，处于复杂和混乱的状态。随着盟军"火炬"计划的展开，盟军在北非登陆。维希政府进退两难，拿不定到底是支持盟国，还是继续支持轴心国。

达尔朗一面冷静地观望着世界局势的发展，一面周旋于罗斯福、丘吉尔和希特勒之间，努力与美国、英国和德国保持友好关系。后来，北非的达尔朗政府与英美谈判。

达尔朗在谈判中成功地保卫了法国的利益，尽管他是处于弱势地位与英美在谈判，但他为了法国的利益而让英美作出了更多的让步。达尔朗与英美签署了停火协议。盟国任命达尔朗为盟军驻北非地区法军司令。希特勒没想到达尔朗竟然叛变了，勃然大怒，马上派德军占领了法国南部。

1942年11月11日至19日，达尔朗率领法国舰队进驻土伦港。当时，法国舰队仍是一支强大的舰队，拥有80艘现代化军舰及训练有素的海军部队，包括"斯特拉斯堡"号和"敦刻尔克"号巡洋舰。

希特勒急于得到法国的这些军舰，德军于11月27日进攻法国舰队。在德军得手以前，法国舰队自沉了。德军只得到了一些港口设施，竟一艘军舰都没有得到。有5艘法国潜艇躲过了劫难。

此时，法国更加混乱，三个政治派别互相指责。北非的达尔朗政权被认为是没落的海军政府；伦敦的戴高乐流亡政府被认为是陆军独裁政府；

维希的赖伐尔政府被认为是无耻的政府。

1942年圣诞节前夕,达尔朗海军上将被刺身亡。达尔朗的遗体被葬在海军基地。1964年,达尔朗的遗体被法国海军移送到凯比尔海军公墓,与烈士们同眠。

盟军登陆北非期间,丘吉尔为了争取达尔朗,对艾森豪威尔说:"如果我能遇到达尔朗的话,虽然我很恨他,但如果他能让法国土伦舰队投降盟军,叫我爬一英里也心甘情愿。"于是,艾森豪威尔派人去争取达尔朗。

另外,在卡萨布兰卡和奥兰都有法国军官配合盟军的登陆作战。北非法军已经四分五裂了。

对英美盟军的登陆准备,在登陆以前的几个月中,意海军派驻阿尔及尔的秘密组织多次报告说盟军正准备在北非登陆。1942年9月末,意海军总部向墨索里尼汇报称,盟军登陆点很可能是阿尔及尔,并将很快实施。

盟军士兵将车停在路边后短暂休息。

在英国伦敦，艾森豪威尔一行乘坐 5 架"空中堡垒"飞机飞往直布罗陀。与此同时，罗斯福总统亲自出马，制造艾森豪威尔正在华盛顿访问的大骗局。

11 月 5 日晚，盟军两支舰队同时通过直布罗陀海峡，进入地中海。

11 月 6 日夜，意海军总部得知盟军的舰队正通过直布罗陀海峡驶入地中海。德国南线空军司令凯塞林知道后，立即打电话给德国空军总司令戈林。

戈林说："这支舰队在 40 个小时内将驶入德意空军的打击范围内，一定要做好战斗准备。"

凯塞林询问："假设盟军舰队想在非洲登陆呢？"

戈林说："我看它们不是在科西嘉岛、撒丁岛登陆，就是在德尔纳或的黎波里登陆，不可能在法属北非登陆。"

戈林说："如果盟军不开向撒丁岛，就会通过西西里海峡，意海军没有在西西里的海面布设水雷，要通知意海军。"

1942 年 11 月，虽然参加斯大林格勒战役的德军陷入严寒之中，希特勒仍然离开了苏联，去参加一年一度的纪念活动。随他前去的有陆军元帅凯特尔和约德尔将军。希特勒通过通信设备与在苏联的德军保持着联系。

11 月 7 日晨，盟军的庞大舰队驶入各登陆点附近海域。这时，希特勒正乘坐防弹列车，从东普鲁士出发前往巴伐利亚州的慕尼黑，去纪念"啤酒馆暴动"事件。1923 年 11 月 16 日，希特勒发动了一场失败的暴动，暴动在一个啤酒馆里进行，但很快被镇压了。从此，希特勒每年都回到慕尼黑和老纳粹们纪念它。

11 月 7 日下午 7 时，希特勒走进了位于专列上的会议室，参加形势汇报会，听取约德尔将军的报告。11 月 7 日晨，约德尔收到的新情报说："盟国有 5 个师正在地中海的船上。"

"元首，他们很可能在昔兰尼加登陆，以加强蒙哥马利的第八集团军，并加速隆美尔部队的覆灭。这次行动很可能还会收复克里特岛，为盟国在东地中海建立强大的基地。或者登陆的黎波里的塔尼亚，或者在西西里岛登陆。但进攻北非的法属领地是绝对不可能的。"

由于敌情不明，希特勒只好下令加强地中海的防御力量，通知龙德施泰特做好攻占法国南部的"阿提拉"计划的准备工作。这样，德意两国的潜艇、海上舰队和飞机都集中在西西里海峡附近待命。

11月7日晚，盟军舰队到达预定海域后，趁夜向南改航，驶向北非。

 揭开北非登陆夜幕

为执行"火炬"计划,盟军编成东部、中部、西部3个特混舰队。东部特混舰队由英国皇家海军载运英军2.3万人、美军1万人组成,从英国出发。

东路特混舰队负责攻打阿尔及尔,由英国海军少将哈罗德·巴勒斯率领,登陆部队由美国陆军少将查尔斯·赖德少将指挥。登陆部队由美英部队混编而成,使仇恨英军的法军误以为登陆的都是美军。

1942年11月8日拂晓,一队登陆部队在阿尔及尔以东约30公里的马提福角附近登陆;另一队在距离阿尔及尔20公里的西迪费鲁希角登陆;第三队主要是英军官兵,在向西65公里的卡斯蒂利奥内登陆。

凌晨1时,英军在卡斯蒂利奥内附近海滩登陆,上午9时,登陆部队进驻利达机场。

在阿尔及尔东面登陆的部队十分混乱,但许多法军部队只作象征性抵抗,登陆部队于凌晨6时占领了白屋机场。在进攻阿尔及尔时,东面登陆的部队遭到法军小股部队的顽强抵抗。

由于马提福角的法国海军岸防炮兵炮轰盟军登陆部队,再加上载运美军的运输船被海浪冲离海岸几公里,造成了混乱。天亮后,美军才开始登陆。盟军登陆后立即向阿尔及尔的内陆推进。午后,在盟军舰炮和飞机的联合攻击下,炮台守军才投降。

攻占阿尔及尔港的战斗进行得更不顺利。英国驱逐舰"布罗克"号和"马尔科姆"号载着美军,担任攻占港口的任务。

在漆黑的夜晚,两艘英国驱逐舰找不到通向港口的航道。后来,刚刚驶入航道,就遭到了海岸大炮的猛轰。"马尔科姆"号受到重创;"布罗

盟军在阿尔及尔附近海滩登陆。

克"号冲过炮火,把部队送上岸。在火炮的不断袭击下,"布罗克"号受到重创逃离,法军包围了登陆部队。午后,美军被迫投降。

西迪费鲁希角附近的登陆也不顺利,一些登陆艇迷路了,登陆部队在西面的海滩上登陆。还有很多登陆艇被海浪打坏或者出现故障。盟军分散在近30公里长的海岸上,无法集中兵力。由于拥护盟军的法国军官前来接应,盟军才没有遭受太大的损失。

虽然法军的防御工事坚固,但在大多数前线法军的抵抗只是象征性的。美国一支部队攀越着一座悬崖,等他们爬上悬崖后才发现,法军等他们很长时间了。在美军的同意下,法军朝天开了一炮,以示进行了"抵抗",然后,法军走出工事,向美军投降了。

由于英国人不相信法国人和美国人能够保守秘密,结果产生了更严重的问题,直到登陆前4天,墨菲仍被禁止把计划细节通知法国地下组织。原计划盟国向法国地下组织运送20多吨轻武器,到时将由英国潜艇把轻武器送上岸。可是,英国潜艇始终没有出现。法国地下组织只好拿起原始武器,他们根本不是装备精良的法军的对手。

第三章 "火炬"行动

在阿尔及尔拥护盟军的法国军官,没有接到盟军的登陆通知,但仍完成了接应盟军登陆的任务。他们在沿海一带接应美军,夺取重要据点,切断电话,监禁痛恨英军的法国高级官员,占领广播电台。当盟军登陆时,他们已经使阿尔及尔的指挥系统瘫痪了,把阿尔及尔的局势控制到上午7时。由于盟军推进的速度太慢,他们失去了对阿尔及尔的控制。他们有的被逮捕,甚至被秘密处死。

这时,驻阿尔及尔法军司令朱安将军与驻北非法军总司令达尔朗之间的斗争进入白热化。11月7日午夜稍过,驻北非的美国总领事墨菲访问朱安,告诉朱安盟军即将登陆。朱安担心的是达尔朗海军上将正在阿尔及尔,自己无权控制阿尔及尔。

凌晨2时,朱安打电话请达尔朗来自己的别墅商谈要事。

盟军士兵乘坐登陆艇驶向海滩。

当达尔朗得知美军将在阿尔及尔登陆时，生气地对墨菲说："我以为美国人比英国人聪明一些。但现在我认为你们所犯的错误也不亚于英国人。"达尔朗拒绝向盟军投降。

成群的反维希政府的法国青年持枪监禁了达尔朗，想迫使达尔朗下令投降。拂晓前，50名警察赶跑了法国青年，逮捕了朱安和墨菲等人。

★法国陆军元帅朱安

朱安于1888年12月16日出生在阿尔及利亚东北部的波尼，出身贫寒。1909年，朱安考入法国圣西尔军校。1912年6月，被调到阿尔及利亚第一步兵团服役。

1914年，一战爆发以后，朱安调回法国，出任排长。9月5日，随部队赴前线作战。他在战场上作战勇敢，曾经两次负伤。1916年4月，朱安被调到摩洛哥首都拉巴特郊区的后勤基地。不久，被派往参谋学院深造，毕业后来到美国远征军成为一名联络官。

后来，朱安先后在突尼斯和摩洛哥的法军部队中任职。1925年，法军残酷地镇压摩洛哥里夫人民大起义，朱安又成为当地法军司令诺盖将军的参谋长。

1927年，朱安被调回年轻时曾服役过的阿尔及尔步兵团，担任营长。

1933年10月，朱安被调到法国高等军事学院，成为一名战术教官。1935年至1937年，朱安被调回阿尔及利亚，成为驻扎在君士坦丁的朱阿夫第三步兵团团长。1937年3月10日，朱安又成为北非战区司令诺盖将军的参谋长，再次受到重用。

1938年12月26日，朱安晋升准将。1939年9月1日，德国入侵波兰，第二次世界大战爆发。1939年12月4日，朱安回到法国，担任法国第一军第十五摩托化步兵师师长。

1940年5月10日，朱安率第十五摩托化步兵师前出至比利时的让布卢。德军突破色当防线后，朱安率部队撤到瓦朗谢纳一带，负责掩护英法联军撤向法国海岸敦刻尔克。不久，朱安的部队奉命撤到里尔南郊，在那里被德军重重包围。

5月30日，朱安的部队被德军打败，他也成了德军的俘虏。但朱安的英勇作战仍然被法国人所称道。朱安被关在德国的柯尼希施泰因监狱，后来被德国释放。

1941年11月20日，朱安晋升中将，不久升任法国驻北非陆军总司令。从此，朱安努力训练驻非洲的法军，准备为法国报仇雪耻。1942年11月，法国在非洲的部队达到5个机械化师（其中阿尔及利亚部署了3个师，摩洛哥部署了2个师）和1个轻型机械化旅，总兵力达到20万人。

盟军在北非登陆时，朱安明白真相后，命令法军停火。1942年11月至1943年5月，朱安率法军随盟军参加了突尼斯战役，并歼灭了那里的轴心国军队。1942年12月25日，朱安晋升上将。1943年6月，盟军司令部准备在地中海地区开辟新的战场，进攻意大利的西西里岛。8月，戴高乐命令朱安组建法国登陆部队（法国远征军），准备随盟军一起登陆意大利。

9月29日，朱安率领法国登陆部队到达索伦托，加入美军第五集团军序列。11月25日，朱安率法军进攻至寻那不勒斯。1944年1月至5月，法军随盟军一起进攻古斯塔夫防线，该防线关系着盟军能否解放罗马。古斯塔夫战役期间，盟军曾经多次进攻德军防线，但都没有成功。德军守住了古斯塔夫防线，与盟军对峙。朱安曾经多次向盟军司令部提出山地机动作战的主张，都没有被采纳。但朱安并没有气馁，他抱着洗刷法军在1940年6月惨败的耻辱，再次来到盟军司令部。朱安终于说服了美军第五集团军司令克拉克。从5月13日起，朱安率部队实施山地迂回，成功地突袭了德军，使盟军最终突破了古斯塔夫防线。

古斯塔夫战役是法国投降后第一次挽回面子、扭转了英国人和美国人

图说 二战战役 浴血阿拉曼

1940年，德军第七装甲师师长隆美尔率部入侵法国。图为法国战役中，坐在草地上休息的隆美尔（右三）。

对法国的看法的关键性一役。1944年6月6日，盟军在法国诺曼底登陆，法国的局势更加混乱。7月底，戴高乐解除了朱安的法国远征军司令一职。8月12日，戴高乐任命朱安为法国国防部总参谋长，领导所有法军。在这一职位上，朱安任劳任怨，并发挥了指挥才能，战绩卓著。

从此，朱安成为戴高乐将军最忠实的支持者。

1947年至1951年，朱安出任法国驻摩洛哥总督。1950年12月，盟国委任朱安为中欧盟军司令，任期5年。1952年5月7日，朱安晋升陆军元帅。

1967年1月27日，79岁的老将朱安逝世。

第三章 "火炬"行动

1942年11月8日天亮后，达尔朗和朱安来到位于帝王堡内的阿尔及尔法军总部，墨菲被监禁在朱安的别墅里。上午7时40分，达尔朗致电法国贝当元帅，请求指示。

上午11时30分，达尔朗又向贝当致电说，"阿尔及尔将于今晚失守"。下午5时，达尔朗致电贝当："盟军已经进入市区，我已命令朱安将军就阿尔及尔投降一事举行谈判。"下午7时，阿尔及尔投降。

中部特混舰队，在英国海军的护送下，从英国运送3.9万名美军部队攻占奥兰。中部特遣队由美军弗雷登道尔少将指挥。

法军在奥兰的抵抗十分顽强，美军的先头部队是艾伦少将率领的美军

在盟军的登陆行动中，法国战斗机轰炸了盟军舰队。

第一步兵师和美第一装甲师的一半兵力。

　　盟军攻占奥兰的计划是：从两翼攻占奥兰城和奥兰港口。特理·艾伦指挥的部队在奥兰的阿尔泽湾海滩登陆；罗斯福准将指挥的部队在莱桑达卢塞海滩登陆。接着，一支轻装甲部队向阿尔泽内陆推进；一支较小的轻装甲部队从奥兰的布扎贾尔港登陆点出发，占领奥兰以南的各机场，再从后面进攻奥兰城。最重要的是快速占领奥兰城，因为城内只有1万名法军，若得到各驻地增援的法军，不出1天奥兰的法军将达到2万名。

　　1942年11月8日凌晨1时，盟军开始在阿尔泽登陆。半小时后，盟军开始在莱桑达卢塞和布扎贾尔港登陆。盟军在海滩上没有遇到抵抗。海滩上只有13座炮台，拂晓时，炮台上的法军才发现盟军，并用零星炮火轰击盟军。英海军舰炮予以猛烈还击，登陆十分顺利。

　　登陆部队进攻奥兰港时吃尽了苦头。在叙利亚与英军作过战的法国部队，以及对英国海军怀恨在心的法国海军部队进行了顽强阻击。盟军进攻奥兰港是为了占领港口设施，防止法国人凿沉港内的舰只。

　　两艘英军军舰运载400名美军，与两只摩托艇一同负责攻占奥兰港。美国海军认为这样做太冒险，但英国海军坚持这样做。

　　这一进攻计划发动进攻的时间安排在登陆奥兰后两小时，奥兰港的法军早已严阵以待了。两艘英国军舰悬挂着美国国旗，"沃尔纳"号驶入奥兰港，"哈特兰"号跟在后面。两艘军舰的钢板太薄，在法军的炮轰下被击毁，舰上的人员大部分死亡，余下的多数被俘。

　　拂晓时，法国驱逐舰和潜艇不顾一切地冲向奥兰湾，攻击盟军护航舰队。盟军护航舰队凭借几十倍的优势进行猛烈还击，法国驱逐舰部分被击沉，大部分逃离。法国潜艇在盟军驱逐舰的追击下被迫逃离。法国海军的海岸炮兵继续炮击登陆部队。

　　11月8日上午9时，登陆部队向奥兰城推进。11时，从阿尔泽登陆的轻装甲部队进驻塔法拉乌伊机场。当这支轻装甲部队向北进攻时，遭

第三章 "火炬"行动

美军飞行小队集结完毕,正在进行战斗准备。

到法军部队的顽强阻击。从阿尔泽和莱桑达卢塞两个滩头阵地发动攻击的步兵，在靠近奥兰城时也遭到顽强阻击。

11月9日，奥兰的法军向阿尔泽滩头阵地上的盟军翼侧发动了反攻。阿尔泽滩头的盟军几乎被赶下海去。盟军被迫从其他阵地调来部队，打乱了整个进攻计划。当天下午，盟军攻占拉塞尼亚机场，法军飞机早已飞走，法军不断地用炮火封锁机场，盟军无法利用机场。夜晚，盟军登陆部队绕过一些孤立的法军据点，继续向奥兰城推进。

11月10日，奥兰的法军司令官听说阿尔及尔正在进行谈判，已经无心作战。盟军由东西两面进攻奥兰城，盟军的步兵部队再次受挫。法军的火力被东西两面的盟军步兵吸引住了，盟军两支轻装甲部队趁机从南面攻入城内。中午以前，盟军轻装甲部队占领法军司令部。奥兰法军司令官被迫投降。

 获得现代战争经验

西部特混舰队直接从美国本土运送3.5万名美军，攻占卡萨布兰卡。1942年11月8日凌晨4时，巴顿指挥的西部特混部队即将在摩洛哥长达45公里的海岸上登陆。美军选择了3个登陆地点——南边的萨菲，北边的利奥特港和中间的费达拉。费达拉位于卡萨布兰卡以北30公里处，靠近卡萨布兰卡城及其港口，适宜登陆。

美国只能向巴顿提供4个没有参加过战斗的师，而且为了补足编制，其中一个师竟有400名士兵没有接受过任何军事训练。

尽管巴顿一直渴望参战，但没想到会指挥一支这样的部队进行大规模的两栖登陆，但他已经别无选择，在从美国出征前他就写好了遗嘱。

早在11月7日，当西部特混舰队准备登陆时，巴顿给在各运输舰上的登陆官兵们发来一封信："士兵们，我们应该庆幸，因为我们被选为美国陆军中最适合参加这次行动的部队。现在还不知道，由摩洛哥的法国军队是否会抵抗我们，但是，一切抵抗都必须粉碎……在战斗到来时，记住你们所受的训练，记住进攻时的速度和锐气是胜利的保障，尤其要记住，逃跑是怯懦的，更是致命的。"

11月7日晚10时30分，巴顿上床休息。8日凌晨1时30分，巴顿舰上的收音机准时播音，罗斯福总统为促使北非的法国部队投降，正对北非法军发表广播讲话。

盟军在阿尔及尔和奥兰登陆的时间是8日凌晨1时30分，但在卡萨布兰卡却是凌晨4时。罗斯福的讲话录音对卡萨布兰卡的美军登陆部队十分不利。

1时45分，巴顿来到旗舰"奥古斯塔"号甲板上，罗斯福总统的讲

话录音不断地传入耳中,他气得不停地在甲板上走来走去。

从11月4日起大西洋上狂风大作,舰队中的有些舰只几乎翻船。11月6日,风暴更大了。根据11月8日的天气预报,狂风将掀起4.6米的海浪,使登陆艇无法靠岸。

艾森豪威尔对摩洛哥海岸的天气非常担心,提出了几种"应急方案",要求巴顿的部队等天气好转后再登陆。巴顿却决定,不论11月8日天气怎样,他都会登陆。西部特混舰队司令休伊特海军少将向巴顿表示,海军会尽全力支持。

巴顿的外交顾问卡伯特曾在摩洛哥久住,熟悉摩洛哥海岸的天气,他对巴顿说:"我相信海浪不会对登陆构成太大的影响。"舰队的气象专家斯蒂尔海军少校对巴顿说:"风暴来去匆匆,11月8日那天,摩洛哥海岸的天气一定会好转,不要听天气预报。"

大海平静了,负责在费达拉登陆的12艘运输舰和近2万名美军,已经到达指定地点了。1时45分,由韦弗少校率领的4艘侦察艇,带着红外线信号灯和小型无线电装置,前往费达拉港内的指定地点去标明部队登陆的海滩。

此时一片漆黑,巴顿什么都看不见。只有断断续续传来的喊叫声证明部队正在进行登陆前的准备工作。巴顿不知道卡萨布兰卡拥护盟国的一些法国部队能否配合美国的登陆作战。

摩洛哥方面,11月7日,首都拉巴特仍然沉浸在往日的和平景象里。

法国战败后,希特勒只向摩洛哥派出200人组成的停战委员会,由总督埃里希·冯·乌利希老将军领导,乌利希十分懒散。摩洛哥的最高层是乌利希,中间层是法国驻节长官奥古斯特·诺盖上将,最下层是摩洛哥国王穆罕默德五世。

驻守卡萨布兰卡的法国师师长贝阿图尔将军十分痛恨德国人,时刻准备在摩洛哥迎接美军,保证西部特混部队的登陆作战。下午7时,贝阿图尔将军得到通知："明晨4时美军登陆。"

贝阿图尔派兵前往拉巴特，包围诺盖的长官府，切断了军用电话线。同时，贝阿图尔还把法国驻摩洛哥的陆军司令官乔治·拉斯克罗斯将军逮捕了。

11月8日0时2分，贝阿图尔将军宣布自己继任驻摩洛哥陆军司令官。

凌晨1时，贝阿图尔派人带一封便函到诺盖将军的官邸。便函上写道："美军将大规模登陆，请您和我们一起解放摩洛哥。"

诺盖没有明确表态，他决心等局势明朗以后再说。诺盖回到寝室，用没有切断的私人电话线给在摩洛哥指挥法国海军的米什利埃海军上将打电

战争前的卡萨布兰卡港。

话，询问近海的情况。米什利埃回答说："长官，在摩洛哥近海没有发现美军。"

凌晨4时，米什利埃向诺盖报告："将军，已经听见引擎声，距海岸约10公里。"诺盖努力分析这一报告意味着什么，到底是美军的大规模登陆，还是小股美军登陆？如果是大规模登陆，法军应该配合登陆作战，解放摩洛哥。如果是小股美军登陆，自己会遭到法国政府的谴责和德国的惩罚，可能会被杀害。

4时28分，米什利埃向诺盖报告："布隆丹桥的法军遭到了一阵机关枪的射击。"诺盖断定这是小股美军的渗透。

诺盖立即下令："各就各位！不论发生什么情况，都抵抗到底。"同时，下令逮捕了贝阿图尔。

巴顿在"奥古斯塔"号上担心的问题发生了。鲜血将染红大海，浸透海滩。

凌晨6时，天色微明。美军在费达拉、萨菲和麦赫迪亚的登陆战早已开始了，在萨菲，哈蒙少将指挥的登陆十分顺利，正在建立滩头阵地。

在麦赫迪亚，特拉斯科特少将遇到了法军摩洛哥土著步兵第一团和第七团的抵抗，还有法军岸防部队的75毫米口径大炮的轰击。尽管美军装备精良，但是由于登陆艇的水手们缺乏航海经验，造成了极度慌乱，第九师的伤亡不断增加。

巴顿所在的费达拉地区是主要登陆点，由第三步兵师、第二装甲师的第六十七装甲团第一营和特种部队组成。乔纳森·安德逊少将在巴顿的督战下指挥这支登陆部队。

凌晨3时55分，第一批登陆的4艘舰船出发。5时15分左右，登陆部队到达海滩。6时，在最不利于登陆的小三角湾上站满了美军士兵。同时，第三十团冒着炮火登上了海滩。

凌晨6时10分，特混舰队的舰炮向岸上的法军炮兵和机枪阵地猛轰。

根据计划，登陆舰将把巴顿送上岸。巴顿的军服整齐，头戴饰有两颗星的钢盔，脚蹬马靴。巴顿对勤务兵大喊："我的手枪呢？"勤务兵迅速取来一支象牙柄镀银的自动手枪和一支左轮手枪。就在巴顿把手枪插入枪套时，"奥古斯塔"号旗舰上的主炮第一次齐射竟震落了巴顿登陆艇的底部，巴顿气得大骂。

当美军忙着登陆时，11月8日上午7时，法军的岸防炮台和现代战列舰"让·巴尔"号攻击了护航舰队。美军的护航舰队由"马萨诸塞"号战列舰、2艘重巡洋舰和4艘驱逐舰组成。护航舰队凭借强大的火力压制了法军的岸防炮台和"让·巴尔"号。

法国的1艘巡洋舰、7艘驱逐舰和8艘潜艇趁机向费达拉方向扑去，攻击美国运输舰。美军军舰前去堵截，将它们赶跑。随后，护航舰队把法舰包围。法国军舰边战边退，战斗结束时，7艘法国军舰和3艘法国潜艇沉没，"让·巴尔"号烧毁，停在海滩上。

11月8日中午，三个登陆地点的部队都建立了滩头阵地。在费达拉，安德逊少将控制了河流和高地，还俘虏了8名德国士兵，但停战委员会头目乌利希将军逃到了北部摩洛哥（西班牙殖民地）。

巴顿乘坐一艘救生艇，在微波中缓慢地向海滩前进，到达浅滩。巴顿跳下来，一艘登陆艇停在20米外。巴顿大步跑过去，揭高嗓门大喊："快！都过来。"

巴顿用肩膀顶住登陆艇，"等着下一个海浪打回去，抬起来一齐推。推！"在巴顿的率领下，登陆艇终于向军舰开去了。

巴顿转身对士兵们说："难道你们不知道它还要不断地运送弹药吗？没有弹药你们怎么打仗？"

巴顿来到游乐场海堤下的一所小房子中，20分钟后，安德逊将军和一位法军上校跑了过来。安德逊要求派人劝法国海军上将米什利埃投降。

图说 二战战役 浴血阿拉曼

美军先头部队炮击法军轰炸机。

★美军的"狼狈"

美军在扩展滩头阵地时遇到了麻烦,大量的装备和给养都堆在海滩上,向前运送的速度很慢,严重地影响了作战。

巴顿将军指挥美军在海滩上干了18个小时,累得浑身湿透,但大大地加快了卸载速度。在麦赫迪亚滩头,特拉斯科特将军的第九师被法军堵在滩头阵地上。

西部特遣部队的通信联络陷入瘫痪,巴顿的通信中心位于"奥古斯塔"号旗舰上。通讯设备分散在三处,"一号电台"房间里十分拥挤,25个报务员操纵11台无线电收报机、3台密码机和其他设备。

巴顿看到美军被天空中扫射的法军飞机吓得不知所措,感到耻辱。美军官兵是第一次作战,他们不执行装卸的任务,纷纷在沙地里挖掘防空坑。巴顿把那些躲在防空坑里的胆小鬼一个个地揪出来,对那些拒不出来者,他就拼命用马靴踢他们。

最令巴顿无法容忍的是美军缺乏通讯联络设备,要与正向内陆推进的部队保持联系,通讯设备是极其重要的。直至11月10日,一台庞大的SC-Z99型无线电差转机才运到了岸上。密码破译机被丢弃在沙滩上,很多通讯设备零部件埋在成堆的物资中。

劝降的人报告说,米什利埃不肯投降。巴顿骂道:"我要好好地教训他,叫他知道舰炮的厉害。"

按照事先艾森豪威尔的指示,轰击摩洛哥必须征得艾森豪威尔的批准。巴顿想来个先斩后奏,把责任全推到通信联络上。

艾森豪威尔在直布罗陀的地下室里,不断地追问:"有消息吗?"

"没有信号。"话务员说。

大西洋在一个月之中只给了巴顿一天宁静的海面,那就是11月8日。这样,从美国本土通过大西洋增援巴顿就十分困难了。艾森豪威尔派几架

美国"马萨诸塞"号战列舰舰炮。

轻型轰炸机到巴顿那里去联络,但被法国战斗机击落了。

11月11日凌晨3时30分,巴顿接见一位前来谈判的法国军官。巴顿告诉法国军官:"你对米什利埃将军说,他再不投降的话,我会把卡萨布兰卡夷为平地。"

法国军官走后两个小时,仍没有消息。巴顿下达了进攻命令。6时25分,美舰载机群呼啸着飞向卡萨布兰卡,美国舰队抬高了舰炮群。

正在这时,法国驻摩洛哥驻节长官诺盖听说达尔朗已经下令停火,宣布投降。

6时48分，法军投降。美军占领卡萨布兰卡。

在美英两国，"达尔朗交易"激起了抗议、指责的浪潮。人们尖锐地批评盟军竟然让达尔朗继续担任要职。在白宫的一次记者招待会上，罗斯福总统对记者们说："我的孩子们，在极其危险的时候，上帝允许你们与魔鬼结伴而行，直到你们走过了那座桥。"

盟军缺乏谙熟法语或者阿拉伯语的军官，没有足够的部队来管理法属北非。他们又要开始准备下一阶段的战役。因此需要达尔朗的帮助，需要达尔朗领导的20万法军的援助。

卡萨布兰卡的登陆战并不是大规模的战役，巴顿由于联络不畅无法进行有效的指挥。各登陆点的胜利多半是由前线指挥官们赢得的，但法军的抵抗使巴顿率领的美军部队获得了现代战争的经验。

盟军占领整个阿尔及利亚和摩洛哥后，立即向突尼斯进发。

图说 二战战役 浴血阿拉曼

登陆卡萨布兰卡的美军战列舰。

第三章 "火炬"行动

意大利装甲车。

英军第八集团军士兵正在看守德意战俘。

埃军飞行教练正在培训士兵。

盟军士兵的午餐时间。

第四章
突尼斯的争夺

 盟军向突尼斯推进

1942年11月,是德军打败仗最多的一个月,德国在北非地中海战区和苏德战区遭受3次大失败。11月2日,隆美尔从阿拉曼败逃利比亚;11月8日,英美部队的"火炬"计划成功;11月21日,德军在斯大林格勒城下被包围。

德国不是在斯大林格勒会战惨败才失掉战略主动权的,而是在11月就决定了德国的命运,在西线和东线盟军的打击下德国已失去了战略上的主动权。1942年11月2日至21日,德军的3次大失败,每次都使德国最高统率部受到很大的刺激。

当马特鲁港的德军被蒙哥马利指挥的第八集团军肃清时,于1942年11月8日,传来了蒙哥马利翘首以待的喜讯——"火炬"计划开始了。

希特勒勃然大怒,在11月8日马上打电话给瓦利蒙特,任命他为德国国防军代表,想与法国最高统帅部共同抵抗盟军登陆。晚上,希特勒改变了主意,认为法国人是靠不住的,一定要迫使法国人抵抗盟军,否则就占领法国的南部。

11月8日和9日,希特勒向法国要求提供军援,法国方面避而不答,这种态度引起了希特勒的怀疑。10日,法国总理赖伐尔奉命匆忙来到东普鲁士。下午,希特勒要求突尼斯的各港口和空军基地交给德意部队使用。赖伐尔说法国无法答应意大利军队开入,这件事只有贝当元帅才能作决定。希特勒知道法国故意推托,在会谈结束后不久,即命令德军和意军于午夜攻占法国南部地区,并占领突尼斯的海空军基地。

德军机械化部队攻占了法国南部,6个意大利师从东面进攻。希特勒

第四章 突尼斯的争夺

长期以来对地中海、北非战区漠不关心，这使隆美尔感到极其恼火。希特勒忽然想到一旦盟军占领了突尼斯和比塞大，隆美尔的部队就很可能被全歼。因为这两座城市坐落在直布罗陀以东最狭窄处，假如盟军从南翼进攻欧洲的话，突尼斯和比塞大是最好的基地。

9日下午，德机飞抵突尼斯附近的机场，同时德军空降兵抢占了机场，但被法军包围。11日起，德军空降兵增加，附近的法军投降。大炮、坦克、运输车辆和军需物资从海上运往比塞大港。

11月底，德军在突尼斯已有1.5万人，拥有100辆坦克。从的黎波里经过陆路赶来的意大利军队近1万人。

希特勒一边加紧增兵，一边让德意军队猛打猛冲。

突尼斯南部的撒哈拉沙漠地区。

德意军由尼林将军指挥，不断推进。1942年12月9日，希特勒派阿尼姆大将出任改称第五装甲集团军的非洲德意部队总司令，把突尼斯和比塞大用近200公里长的一连串据点连在一起。希特勒攻占突尼斯给盟军在北非的继续推进设置了巨大的障碍，成了难啃的"核桃"。

当德军赶到土伦港附近时，德军和法军达成了一项协议。根据协议，在土伦港附近设立自由区，由法军进驻。

★法国自沉军舰

11月18日，德军要求法军从自由区撤退。11月下旬，土伦舰队的法国海军把军舰击沉，共有73艘军舰沉没。因为一旦这些军舰落入德国之手，肯定会给盟军日后的海上作战带来巨大的威胁。盟国对法国军舰的沉没十分惋惜，法国海军本来可以把舰队开出来加入盟国海军，向法西斯宣战。缴获土伦舰队是"火炬"计划的目标之一，但却失败了。

德军入侵法国南部，使北非的法国官兵十分愤怒。在法国贝当元帅的默许下，达尔朗与盟国的合作步伐加快了。11月13日，双方达成了停战协议。

艾森豪威尔终于明白，只有达尔朗才能领导法军归附盟军。艾森豪威尔从直布罗陀飞抵阿尔及尔，立刻批准了这项停战协议。根据协议，达尔朗担任法属北非高级专员兼任海军总司令；吉罗出任地面和空军部队总司令；朱安出任东区司令；诺盖出任西区司令兼任摩洛哥总督。艾森豪威尔的决定得到了罗斯福总统和丘吉尔首相的称赞。

在"火炬"计划中，西班牙始终保持中立。西班牙与北非只隔一条狭窄的直布罗陀海峡，而且在北非占有西属摩洛哥，假如西班牙出兵或者允许德军借道西班牙进入北非，那会对盟军造成巨大的灾难。

如果当时制定作战计划时登陆的地点选择了波尼，或者盟军的推进速度更快些，那么盟军就可以抢占突尼斯，希特勒就没有时间在突尼斯建立防御阵地了。

从 1942 年 10 月至 12 月，英、美海军与德国潜艇不间断地战斗着。由于潜艇数量的增加，从 10 月初起，德海军元帅邓尼茨可以出动 2 个潜艇群在大西洋的东部和西部组成猎网。

10 月 10 日，德国大群潜艇潜入纽芬兰海域，等待着由雪利港驶出的英国 SC-104 船队，直至深夜仍未发现船队的影子。

12 日下午，1 艘德国潜艇发现了盟军的 1 艘小型护卫舰，立即召唤其他潜艇。傍晚，尾随着护卫舰，德潜艇群发现了英国 SC-104 护航船队。这支船队拥有 47 艘商船，只有 2 艘驱逐舰和 4 艘护卫舰护航。

暴风减弱了，但夜晚的波涛仍然汹涌，护航舰对潜艇的观察非常困难。德国潜艇群趁机击沉了 8 艘商船，有 1 艘是万吨级的船队补给油船。

美军坦克等候上船，赴突尼斯登陆。

10月15日夜晚，"派堪特"号驱逐舰发现"U-691"号潜艇，把潜艇击沉。

驱逐舰"费姆"号用雷达锁定了"U-353"号潜艇，投掷深水炸弹，"U-353"号潜艇被迫浮出水面，德舰员弃舰逃生。

10月26日，向东航行的盟军HX-212船队靠近潜艇猎网的中央。猎网中央附近的潜艇主动撤退，侧翼的潜艇立即向船队扑去。

10月28日夜，潜艇群同时向船队进攻，7艘商船沉入大西洋。

几天后，"U-509"号和"U-658"号在跟踪商船时被加拿大飞机炸沉。

11月8日，当邓尼茨听说盟军已经在摩洛哥成功登陆时，马上命令所有潜艇分赴摩洛哥沿海和直布罗陀海域。

11月10日，一支船队驶出飞机的警戒范围。潜艇群立即扑了上去。短短两个晚上，就有15艘商船沉没。

这支船队逃到以冰岛为基地的飞机的警戒范围后，美国飞机炸沉了"U-32"号潜艇，潜艇群连忙逃跑。

接着，德潜艇群进攻盟军的SL-125船队，经过7个晚上的进攻，击沉13艘商船，而潜艇没有任何损失。原来，盟国将SL-125船队作为诱饵，把德潜艇群调走，以实施盟军的北非登陆作战。

11月11日，希特勒命令"抢在英军从阿尔及尔进入突尼斯以前进入突尼斯"。

这次，共有3个德国师和2个意大利师参加此次作战任务。为5个师的部队提供后勤补给的重担落在不堪重负的意大利海军身上。意海军被迫与英海军决一死战。

在此以前，意大利海军总部曾向其最高统帅部说明，由于盟军海军力量的迅速强大，除了对利比亚进行补给外，意大利海军无法承担任何大规模的海上援助行动了。

第四章 突尼斯的争夺

德军士兵操纵潜艇上的甲板炮攻击盟军商船。

由于盟军登陆北非获得了成功，意海军请求放弃对的黎波里的船运补给，支援突尼斯守军。

因为，突尼斯对轴心国已经变得至关重要了。因为突尼斯是地中海的门户，是在非洲发动反攻的基地。但希特勒却不准利比亚的隆美尔军队向后撤退。结果，意海军被迫承担无力肩负的任务——同时向的黎波里和突尼斯提供补给。

11月12日下午，第一支意大利船队安全驶入突尼斯比塞大港。这支船队由2艘运输舰和5艘驱逐舰组成，运载1000名意军和1800吨的军火。

为了保障军事补给线，意大利海军被迫在突尼斯成立了指挥部，从此进入了地中海海上补给战的最后阶段。在这个阶段，德意海军丧失了地中

突尼斯比塞大港。

海的制海权。

在盟军主力没有进入突尼斯以前,英军继续向利比亚提供补给。

11月13日,一支由英国巡洋舰和驱逐舰组成的舰队进驻阿尔及利亚的波尼港。

波尼港是通往比塞大和西西里海峡的据点,控制着撒丁岛以南的海域。波尼港与马耳他岛成为盟军用来对付西西里海峡的巨型"钳子"。在这种夹攻的态势下,德意对非洲的海上补给线几乎瘫痪。

这给负责向突尼斯"非洲军团"运送补给的意大利海军以严重的威

胁。虽然具有决定性的突尼斯战役没有打响，但是"非洲军团"已经快因给养严重不足而丧失战斗力了。

11月，意海军为空运到突尼斯的5个师运送了3万吨补给，包括油料、坦克和火炮等，还运送部队1.3万多人。"非洲军团"凭借这些援军和军火，打退了盟军夺取突尼斯和比塞大的军事进攻。

至11月中旬，盟军占领整个阿尔及利亚和摩洛哥，随即向突尼斯推进。至12月1日，北非登陆的盟军共有25.3万余人，其中英军10万余人、美军14.6万余人。

12月份，盟军在地中海只损失了16艘运输船。这时，缺乏补给的"非洲军团"变成了强弩之末。

英军占领利比亚的昔兰尼加后，通向马耳他岛的海上交通畅通了。英军再次增调大量兵力和给养，加强了马耳他英军的战斗力。盟军不仅向马耳他增援了潜艇和飞机，还派驻了水面舰队。

1942年12月，3艘巡洋舰、4艘驱逐舰和12艘潜艇，开始在马耳他驻泊。除了巡洋舰和驱逐舰外，盟军在马耳他岛还派驻了近海舰艇舰队，由炮艇、鱼雷艇和小型舰艇组成，使马耳他的防御力和战斗力大大加强。

在德意海军的联合进攻下，盟军凭借强大的经济实力和雄厚的资源，很快就恢复并壮大了实力。为了夺取地中海的制海权，盟军向地中海地区增派海空军部队。1942年，盟军从根本上扭转了地中海的战略形势，掌握了制海权。

 马雷斯形成对峙

1942年11月8日,隆美尔得报,一支规模庞大的10万盟军将在阿尔及利亚和摩洛哥登陆。隆美尔马上明白了,这支规模庞大的敌军将从另一方面朝他进攻,但他却缺乏轴心国其他部队的支援。

希特勒马上出兵攻占了突尼斯,并要求隆美尔在适当的地方建立防线。墨索里尼更要求隆美尔建立新的防线。

隆美尔感到前途无望。11月13日,他无奈地对身旁的部下说:"如果我是柏林的报社老板,就能够每夜安然入眠,不需要承担现在的重任了。"

隆美尔不管希特勒和墨索里尼的命令是什么，立即撤退，主动放弃了利埃边界的哈法亚隘口和托布鲁克，不断西撤。

此时，"非洲军团"的燃油严重短缺。11月17日清晨，运送燃油的德国轮船"汉斯阿尔普"号被英国潜艇炸沉。凯塞林空运了近100吨汽油给"非洲军团"，"非洲军团"才撤出了班加西。

★ "非洲军团"的奇迹

当"非洲军团"到达利比亚北部重要的港口艾季达比耶时，又发生了燃油危机。隆美尔难过地躺在指挥车中，不知道怎么办好。

11月21日，隆美尔对部下们说："真不敢期望我们会有什么好运，除非能有奇迹出现。"

奇迹真的来了。一个空军侦察人员侦察到从阿格拉至布雷加一线的海岸边漂浮着很多的箱子和油桶。它们是遭到英国潜艇袭击的"汉斯阿尔普"号油船上的货物。

隆美尔听说后大喊："真是天无绝人之路，赶快打捞上岸！"有了这些残存的燃油，"非洲军团"于23日安全地撤离了艾季达比耶，退守布雷加一带。至此，隆美尔在没有遭受更大损失的情况下从阿拉曼撤退了1300公里。

"非洲军团"逃到布雷加后，蒙哥马利立即制定了"就地消灭敌人"的作战计划：不发动正面进攻，而是压制"非洲军团"，并派出一支强有力的部队作远程迂回侧击，将隆美尔的退路堵死。

在布雷加防线上，隆美尔对每一个阵地都进行了认真地视察。

隆美尔马上得出一个结论：布雷加防线无法长期坚守。

布雷加防线长160公里，几乎是阿拉曼防线的1.5倍。阿拉曼防线埋了近50万颗地雷，还有机动部队和重武器装备，可现在只剩3.2万颗地

图说 二战战役 浴血阿拉曼

英军装甲部队开进托布鲁克。

雷,缺少机动部队来阻止英军的迂回进攻,"非洲军团"的重型武器和反坦克炮快损失光了。要坚守布雷加防线几乎难于登天。

隆美尔将自己的结论立即报告给德国和意大利的最高统帅部。墨索里尼要求他坚守布雷加防线,希特勒也要求他坚守布雷加防线,并命令隆美尔服从意大利巴斯蒂柯元帅的命令。隆美尔用尽各种办法,企图说服希特勒和墨索里尼改变命令,但都没有成功。

隆美尔对这种争论厌烦透顶。11月29日,隆美尔自作主张地飞往柏林面见希特勒。晚上8时,隆美尔伤心地走出了希特勒的办公室。

11月30日下午,隆美尔在罗马参加了墨索里尼主持的作战会议。在会上,隆美尔与墨索里尼发生了争吵,后来双方达成协议。墨索里尼提出,只有隆美尔在认为蒙哥马利就快进攻布雷加的时候,才允许隆美尔退守的黎波里以东360公里的布厄艾特防线。

12月2日清晨,隆美尔回到利比亚。他非常疲惫,与希特勒的谈话使他感到绝望,相比之下墨索里尼比较通情达理。回到布雷加防线后,隆美尔就忙于收集燃油,准备撤退。

当蒙哥马利得报隆美尔将会撤退的时候,决定提前发动进攻。蒙哥马利命令第五十一高地师于12月11日晚对布雷加主阵地发动猛烈进攻,妄

英军攻入托布鲁克后,几名士兵走在破败的大街上。

想牵制住"非洲军团",全面攻击定于12月14日进行。

负责迂回侧击的新西兰师计划由布雷加防线南端绕过去,向前推进360公里,在12月12日发动攻击。

英军的正面进攻开始后,隆美尔指挥部队撤离了布雷加防线。英军的炮火猛烈地轰炸,可是等英军冲上来后发现,阵地上的"非洲军团"都逃跑了。而担任侧击的新西兰师也没有完成任务。因为隆美尔早就逃掉了。

"非洲军团"退守布厄艾特防线。隆美尔刚到达该防线,就认为它的南部防线无法抵抗住迂回夹击,准备退守的黎波里以东的霍姆斯-加里安防线。

墨索里尼听说这件事后,立即于12月19日发来电报:"尽全力要抵抗。我再说一遍,要用布厄艾特防线上的所有德意部队来抵抗!"

英军破译了墨索里尼的命令,蒙哥马利欣喜若狂。蒙哥马利的计划非常简单:将"非洲军团"摧毁在布厄艾特的防线,再向前进攻的黎波里。

蒙哥马利的进攻计划定于1943年1月15日实施。由第三十军进攻,其第五十师和第五十一师从海岸发动进攻,其第七装甲师、新西兰第二师绕到隆美尔防御阵地的南侧,再向的黎波里进发。

蒙哥马利准备打一场时间较短的战役,要求这个战役10天内结束。为了组织强大的装甲部队,蒙哥马利将留在后方的第一装甲师的坦克全都调过来,已经集中了450辆坦克。这时,英军的后勤补给线变得很长,他被迫花很大的精力组织后勤供应。

1943年1月初,几次大风暴破坏了英军后方的重要港口班加西港的防护堤。很多运输船沉没,或者受到重创。后来,英军采取了许多补救措施,恢复了后勤供应。

隆美尔正在积极准备退出布厄艾特防线。12月31日,面对严峻的形势,墨索里尼同意:"非洲军团"受到被歼灭的威胁后,要边打边退,一定要坚持3周,以使意大利人彻底破坏的黎波里。

第四章 突尼斯的争夺

1月15日,英军按计划发动进攻。隆美尔要求第十五装甲师出动为数不多的几辆坦克断后,其他部队全速撤退。

第一天"非洲军团"撤退65公里,第二天夜里又撤退了80公里。隆美尔在开战后的三天时间内到达墨索里尼期望他坚持3周后才准到达的霍姆斯新防线。

霍姆斯防线是的黎波里的最后一道防线,隆美尔还没有来得及做防御准备,英军就跟上来了。

1月19日,隆美尔被迫用炮火阻止英军的坦克进攻。当他听说英军

隆美尔(左)在的黎波里港口视察。

的迂回部队正朝他的后方开来时，于当天夜里撤离了霍姆斯防线，这等于放弃了的黎波里。

意大利人连忙炸毁的黎波里的许多设施和弹药库，爆炸声彻夜震撼着的黎波里。1月23日，英军的先头部队，第十一轻骑兵师、第五十皇家坦克团和第一高地师占领了的黎波里，没有来得及销毁或者运走的近千吨军用物资成了英军的战利品。

中午，没有来得及撤退的意大利军政人员向蒙哥马利投降。

1月25日，"非洲军团"到达突尼斯南部。26日凌晨5时59分，"非洲军团"冒着倾盆大雨越过边境来到突尼斯。6小时后，隆美尔来到了"非洲军团"在突尼斯设立的司令部。

蒙哥马利来到的黎波里后，立即组织部队开始恢复港口的吞吐能力。由于的黎波里港口的恢复使用，英军的后勤供应情况得到了彻底改善。

不久，英军先头部队接近隆美尔的新防线——马雷斯防线，双方在马雷斯形成对峙。

从1942年11月4日至1943年1月底，蒙哥马利指挥英军第八集团军追击了2400多公里，将"非洲军团"从埃及赶到了突尼斯。但却未能歼灭"非洲军团"的主力。

 轴心国最后一块领地

这时，轴心国在非洲只剩下最后一块领地——与欧洲距离遥远的突尼斯。

艾林豪威尔指出，在东段，突尼斯的情况并不好。

事实上，"火炬"计划胜利后并没有实现预期效果。若当时制定作战计划的时候胆子更大一些，登陆的地点选得靠东一些，或者盟军的进攻更加猛烈些，那么盟军就可以乘胜抢占突尼斯，"非洲军团"就无法在突尼斯建立一个桥头堡了。

这个桥头堡包括突尼斯和比塞大的两个环形阵地，由比塞大西约32公里的海岸蜿蜒到东海岸的昂菲达维尔。

桥头堡分为北、中、南3个阵地，各有1个师坚守。坚守该桥头堡的德意兵力最后增加到了25万人以上。轴心国和同盟国都加大了对突尼斯的重视。

当英军对隆美尔进行千里追击时，艾森豪威尔正在指挥盟军全速向突尼斯进发。

盟军在西北非成功地登陆以后，轴心国在非洲所拥有的最重要的港口是比塞大和突尼斯，其次是远在南部的斯法克斯、加贝斯。

在的黎波里被攻下以前，的黎波里是个很好的港口，可是轴心国的船只驶往的黎波里时，几乎在马耳他岛英国航空兵和英国皇家海军的攻击下经过，所以起不到多大的作用。

结果，双方都把注意力集中在突尼斯的北部。盟军若能抢先占领突尼斯城和比塞大，轴心国在非洲的部队就几乎被切断了海上的补给线和逃生之路，那么"非洲军团"覆灭的日子就不远了。

图说 二战战役 浴血阿拉曼

美国海岸警卫队士兵操纵20毫米近防火炮攻击德军。

第四章 突尼斯的争夺

所以，艾森豪威尔将快速占领突尼斯北部看成是主要战略目标，命令英国的安德森将军指挥第一集团军从阿尔及尔火速朝东推进。

安德森将军和他的部队几乎都是英国人，他们接受了这项重任。登陆成功后，第一集团军就于11月11日从陆、海两路向东快速推进，依次占领了季杰利、菲利普维尔和波尼3个港口，又深入内陆攻占了君士坦丁堡等地。

不过，安德森在推进时遇到了很多困难。

一是安德森的兵力不足。因为缺少船只很难从海上给他运来大批援军。艾森豪威尔曾经命令在奥兰登陆的美国部队抽调尽量多的部队支援安德森，可是这个命令并未得到很好的执行。因此，安德森只能靠速度和勇敢来完成任务了。

二是盟军的摩托化装备缺乏，从阿尔及尔向东通往突尼斯城的单轨铁路，路况不好，很难使用。

三是天气捣乱。安德森率军向东推进不久，就受到大雨的袭击，道路泥泞，十分难走。临时建起的机场跑道多数无法使用，空军很难提供强有力的空中支援。

安德森的部队几天来孤军奋勇前进。在苏克－阿赫腊斯和苏克－艾尔巴，安德森的部队与希特勒派来攻占突尼斯的"非洲军团"发生了激战。

11月下旬，艾森豪威尔把总司令部从直布罗陀搬到了阿尔及尔。随后，他来到前线视察。这时，轴心国空军控制着战场的制空权。艾森豪威尔看到，盟军的前线部队处于德国空军的严密监视之中。

在与卡车司机、工兵和炮兵们的交谈中，艾森豪威尔经常听见士兵们抱怨："我们那些空军跑哪儿去了？怎么到处都是德军飞机？"

来到安德森的指挥部后，艾森豪威尔看到，因为严寒和污泥，所有的军事行动都在有限的少数几条道路上进行，这些道路已经相当难走，物资和弹药的运输十分困难。

不过，艾森豪威尔的情绪仍然乐观，决心把占领突尼斯城作为送给盟国人民的新年礼物。艾森豪威尔说："这是一场大赌博，赢了能够得到一笔巨大的收入，所以我们要尽全力把战场上能调来的一切官兵完全投入到支援安德森将军的作战任务中。"

安德森将军信心大增。

艾森豪威尔回到阿尔及尔后，给马歇尔将军发了一份电报，向马歇尔将军夸夸其谈了一番。

运输车队装载着战略物资开进盟军营地。

第四章 突尼斯的争夺

艾森豪威尔说:"盟军现在的目标就是要继续向前进攻,一定要把敌人压缩到比塞大要塞,重重包围,尽量阻止其突围或者重大反攻。接着,我想集中盟军的一切可能集中的力量……给德意部队狠狠一拳,为最后的决战奠定胜利的基础。"

当艾森豪威尔的电报于12月1日到达马歇尔那里时,突尼斯前线的局势恶化了。德军的第十装甲师秘密地到达突尼斯,瓦尔特·尼林将军为德国统帅部计划的一场反攻做了大量准备工作,不仅想把盟军赶出突尼斯,还要把盟军撵出在法属北非所占据的据点。德军发动了强有力的局部反攻,安德森被迫撤出突尼斯城前面的许多前沿阵地。

在这次局部撤退中,安德森率领的第一集团军失去了美军第二装甲师中B战斗群的主要装备。美军第一步兵师中的第十八步兵队遭受重大损失,一个英国团的整整一个营全军覆没。

12月3日晚9时15分,安德森将军忽然来到艾森豪威尔设在阿尔及尔的司令部,把情况向艾林豪威尔报告。安德森说在突尼斯的盟军战斗力已经严重不足。

艾森豪威尔感到震惊。安德森将军请求允许放弃交通中心——迈杰兹-达巴。艾森豪威尔马上拒绝了。

艾森豪威尔没有了解到真实情况,他命令安德森发动反攻,反攻时间为12月24日。艾森豪威尔每天24小时忙着调兵遣将,他认为只要天气好了,就能够攻占突尼斯东北部。可是从前线传来的报告使艾森豪威尔失望,天气不仅没有好转,反而越来越糟糕。

22日,艾森豪威尔乘车驶向前线。24日,他来到安德森的指挥部。安德森说:"根据我的判断,大概6周内无法发动进攻。"

★艾森豪威尔改变主意了

艾森豪威尔决定与安德森一起去前线视察,然后再商讨对策。

半路上，艾森豪威尔看到一起事故。在距离公路约 10 米远的一块小麦地中，一辆摩托车陷在泥里。4 个英国士兵正在想办法将它拽出来，他们费了很大的力气，但摩托车陷得更深了，他们瘫坐在烂泥坑里。这只是前线情况的一个缩影罢了，但却使艾森豪威尔相信的确无法进攻。

艾森豪威尔赶回阿尔及尔的司令部，被迫决定无限期推迟进攻。他命令安德森整顿和增加防线，把部队集中起来重组部队，在当地人中征召预备队，以保护盟军的南翼。

抢占突尼斯北部的计划拖到 1943 年春季，待天气好转以后再发动进攻。轴心国控制突尼斯已成定局，迫使艾森豪威尔变速战速决的战略方针为稳扎稳打的战略方针。

1943 年 1 月 14 日，英美首脑在卡萨布兰卡会谈，决定建立北非战区，由美国的艾森豪威尔将军担任总司令，英国的亚历山大将军担任副总司令。

北非盟军重组为第十八集团军群，下辖安德森率领的英军第一集团军、蒙哥马利率领的英军第八集团军、弗雷登道尔率领的美军第二军和部分法军。亚历山大担任集团军群的司令，负责指挥盟军在北非的地面部队。

英军第八集团军到达马雷斯防线以后，蒙哥马利积极准备，企图一举摧毁隆美尔设立的防线。艾森豪威尔抓紧对盟军进行部署，改建了机场并增加了运送增援部队和补给。

从南部的加夫萨至丰杜克的漫长防线是最危险的阵地，这个防线由美军第二军坚守。亚历山大暂时无法到达这个防线，艾森豪威尔只好自己来到防线视察。

那时总的形势对盟军是有利的，蒙哥马利指挥的英军第八集团军在东部，艾森豪威尔亲自指挥的盟军在西部，已经形成了密切的战略协同，形

第四章 突尼斯的争夺

几名美军士兵将救生艇运往港口。

成东西并进的态势。盟军最高司令部的重组更有利于指挥作战。

但在空间上却有利于轴心国,隆美尔的"非洲军团"退守突尼斯后,在马雷斯防线上部署了兵力。隆美尔和德军指挥官冯·阿尼姆共拥有14个师的兵力,包括3个德军装甲师和1个意大利装甲师。

"非洲军团"位于内线,可以予以"拿破仑"式的双重出击,先打退一路盟军,再调过头来收拾另一路盟军,即内线作战优势。

可是,"非洲军团"的内线作战优势被混乱的指挥体系破坏了。希特勒和墨索里尼决定把非洲的德意部队重组为一个集团军群。当时,隆美尔是集团军群司令的最佳人选,但墨索里尼对他的撤退非常不满。希特勒的参谋们也反对重用隆美尔。

1943年1月26日,意大利最高统帅部给隆美尔发了一份电报说,由于隆美尔的健康状况不好,由梅塞将军接替他的职务。梅塞是意大利将军,曾经在苏德战场上指挥意大利远征军入侵苏联。

隆美尔对重用意大利人十分不满,而且他不喜欢突尼斯北部"非洲军团"的冯·阿尼姆将军。结果,德军会师后的力量不但没有加强,反而由于指挥关系紊乱和人事因素,其力量大大削弱了。

隆美尔根据命令应该告病回到德国,可他拒绝离开。当时,隆美尔正在等待战机,对盟军进行反击,以雪前耻并回敬墨索里尼和希特勒对他的种种责难。

艾森豪威尔和蒙哥马利的东西攻势尽管缩小了对突尼斯的"非洲军

盟军士兵在海滩登陆。

团"的包围圈，并使包围圈的口袋逐渐收紧，可是进展并不顺利。

1943年2月中旬，艾森豪威尔巡视了盟军的南部防线。从南部的加贝萨至丰杜克的漫长战线是最危险的地带。那里由美军第二军坚守，但第二军自上而下都存在着苟且偷安的心理。除了没有加强前线的防御工事以外，军官们还都缺乏训练和沙漠作战经验。有些部队来到前线两天后竟没有埋设地雷。第二军的第一装甲师被分散部署，没有集中利用。结果，为隆美尔发动反攻制造了良机。

 隆美尔反戈一击

在隆美尔发动反击之前,位于隆美尔的部队正面的英军第八集团军还没有做好进攻马雷斯防线的准备,因此对隆美尔暂时构不成威胁。

蒙哥马利在占领的黎波里后,正忙着恢复的黎波里港口的吞吐量,因此,发动一场大规模的进攻尚需要准备一段时间。

位于西面的安德森率领的英军第一集团军和弗雷登道尔率领的美军第二军严重地威胁着隆美尔的后方。

隆美尔决定利用位于两股敌军之间的中心优势,先用背面包抄的方式击败后面的盟军,再回头进攻蒙哥马利。这是非常好的计划,可在实施的时候却遇到很大的困难,隆美尔没有权力指挥第五装甲集团军,而他与阿尼姆又无法配合。

隆美尔的反攻计划被盟军情报机关破获,可他们弄错了隆美尔的主攻地点。结果,艾森豪威尔和英军第一集团军司令安德森都以为隆美尔的主攻地点位于丰杜克附近。为此,艾森豪威尔在丰杜克防线的后方集结了重兵。

1943年2月14日,隆美尔发动了代号为"春风"行动的攻势。

美军第二军的军长弗雷登道尔身材矮小,敢说敢讲,对上司和下属讲话一样粗暴,遇事容易急躁,有时理由不足就下结论。他的作战指挥经验不足,很少到前线去视察。他对安德森非常反感,但这次对安德森的命令却毫无怨言地表示服从。然而,他却根本没有采取积极有效的措施增加防御。

出人意料的是,北面阿尼姆指挥第五集团军竟从弗德山口朝美军第二军阵地发动了主攻,德军第十装甲师和第二十一装甲师两面夹攻,占领了

第四章 突尼斯的争夺

德军士兵用望远镜观察前方战况。

西迪布济德。美军第一装甲师受到重创。美第二军溃败。

2月15日，隆美尔的部队在南面占领了加夫萨，向费里亚纳进发。2月17日，隆美尔的部队又占领了费里亚纳。

隆美尔准备从费里亚纳向西北进发，到达阿尔及利亚的特贝萨，从而割断英美盟军的补给线，将战术性胜利变成战略性胜利。

隆美尔得到了在罗马的德国南线总司令凯塞林的空中支援，但得不到阿尼姆的支持，阿尼姆指挥着德军第五集团军。经过反复求助，隆美尔得到了第十装甲师和第二十一装甲师的指挥权，却被迫首先攻打东北面的勒凯夫。

就这样，隆美尔进攻的是盟军的正面而不是偷袭背后。隆美尔气得火

盟军装甲部队遭到德军轰炸后冒出滚滚浓烟。

冒三丈,因为这意味着离盟军战线近得不能再近,"非洲军团"很难战胜强大的盟军。

2月19日凌晨2时30分,隆美尔率部向勒凯夫方向推进。2月20日,"非洲军团"占领卡塞林关隘,迅速向勒凯夫南面的塔拉挺进。由于"非洲军团"无法攻克塔拉,攻势被盟军的增援部队挡住了。

2月22日,隆美尔下令部队撤退。尽管隆美尔发动的进攻战果辉煌,但却没有实现迫使盟军撤离突尼斯的战略目标,如果隆美尔担任"非洲军团"的总指挥,那么他就可以按自己的计划行事,那样"非洲军团"就有把握占领拥有大量补给储备的美军基地和机场,使盟军无法守住他们在突尼斯的防线。

隆美尔发动的这次进攻使美军遭到重大损失。美军第二军损失三分之

第四章 突尼斯的争夺

一的兵力，260辆坦克被摧毁或者被缴获，这是美军在北非战场上遭受的最大的损失。

这一天，美国人蒙受了奇耻大辱，这是历史上美军最惨的败仗之一，这是不容置辩的事实。与彬彬有礼的英国人相比，美国人更显得狼狈不堪。

暴跳如雷的艾森豪威尔解除了弗雷登道尔的职务，命令巴顿少将担任美军第二军军长。巴顿早就想与隆美尔一争高下，巴顿说："对隆美尔的书和报道我不知道读了多少遍，我研究过他的每个战役，对他非常熟悉。我一生中最大的愿望就是与他决一雌雄。"

2月23日，希特勒任命隆美尔为新组建的集团军群司令，下辖阿尼姆的第五装甲集团军和梅塞的意大利第一集团军（即隆美尔的非洲装甲集团军）。

正在行进的德军装甲部队。

隆美尔取得兵权后，决定率先向蒙哥马利的第八集团军进攻。可是，蒙哥马利却在"超级机密"提供的情报中知道了隆美尔发动进攻的方向和准确时间。

蒙哥马利从海岸将重炮和精锐部队秘密调到隆美尔发动进攻的突破口的梅得宁地区，部署了近4个机械化师的兵力、400辆坦克、350门大炮和470门反坦克炮，建立了牢固的防线。

3月6日凌晨，隆美尔集中了3个半装甲的160辆坦克，在200门大炮和1万名步兵的支援下，向梅得宁发动进攻。

上午8时，当德军装甲部队到达距离梅德宁地区的一座山脊上时，蒙哥马利秘密部署的近500门反坦克炮突然发动猛烈轰击。中午，德军装甲部队难以向前突破。从英军俘虏和缴获的文件上证实，英军事先对德军的行动计划的每个细节都十分清楚。

截至下午5时，隆美尔下令停止进攻，德军损失了50辆坦克。隆美尔感叹道："当我们的军事计划泄密的时候，我们已经注定失败，所以这次突袭行动早就失去了任何意义。"

早在1周以前，隆美尔曾经向凯塞林报告说，他对突尼斯的局势感到绝望，这也是阿尼姆和梅塞的看法。

隆美尔报告说："非洲军团"正防守着东西两个战线长达650公里的防线，他们面对的盟军具有2倍的兵力优势和6倍的装备优势。"非洲军团"被迫分散防守，陷入被围歼的境地。

隆美尔的这次反攻失败了，但"非洲军团"的收获却大大弥补了损失。"非洲军团"以伤亡千余人的代价歼灭美军300多人，俘虏4000人，击毁盟军坦克200辆，缴获60多辆。

蒙哥马利指挥第八集团军向马雷斯防线缓慢推近，盟军还掌握着制空和制海权，德意部队难以获得补给和援军。

进攻失败后，隆美尔得出了结论，即对"非洲军团"来说，留在非洲

第四章 突尼斯的争夺

是自寻死路。隆美尔向希特勒提出退回欧洲的计划,希特勒当即拒绝。

原来,早在3月初梅得宁战役以前,隆美尔就向希特勒递交了一份对突尼斯局势的战况报告。该报告是隆美尔与阿尼姆等将领们经过长期研究后作出的一份双方力量对比的图表。阿尼姆认为,如果再不把补给物资送到德意部队手中,到7月1日,突尼斯的德意部队就会丧失战斗力。

当时,隆美尔的德意部队仍有官兵34.6万人,其中,有12万人具有战斗力。要让部队继续作战,每个月至少需要6.9万吨的补给物资。加上物资的贮存,以备将来的军事进攻之用,阿尼姆认为最少还要14万

被盟军摧毁的德军坦克。

吨才行。

然而从 1 月份开始，尽管意大利海军做出了巨大的努力，损失了 51 艘商船中的 22 艘，却仅仅运来了 4.6 万吨的补给物资，3 月份是 4 万多吨。

隆美尔根据这一统计数字请求希特勒授权他撤退，在盟军发动进攻以前撤离马雷斯防线，同时将梅斯的 20 万部队撤往从昂菲达维尔向内陆延伸的容易防守的较短防线上去。根据隆美尔的报告，突尼斯的德意部队将防守在周长为 150 多公里的地区。这将意味着除了突尼斯城及其附近的一小块地方外，必须放弃所有重要的地段，包括机场。

在报告的最后，隆美尔请求希特勒"迅速做出决定"，因为盟军在下一次月圆时很可能会发动进攻。另外，隆美尔自作主张地提前下令在昂菲达维尔构筑防御工事。

3 月 4 日晚，约德尔向希特勒宣读了隆美尔的报告。希特勒听了以后，立即联想起自 1942 年 11 月以来，隆美尔就进攻突尼斯的有利形势而作出的那些保证。这份报告跟隆美尔以前对希特勒所讲的话完全相反，过去隆美尔一直要求在突尼斯进攻，现在隆美尔却想把部队撤回昂菲达维尔。

希特勒表示坚决反对，并立即命令约德尔起草复电。

3 月 7 日早晨，站在 713 高地上巡视的隆美尔收到了希特勒的复电。希特勒的拒绝使他感到很失望。约德尔在电报中直接引述了希特勒的原话："陆军元帅隆美尔对局势的估计完全不同于以前在的黎波里以东期间的讲话。现在陆军元帅要求把两个军团撤到突尼斯一带无法施展武力的桥头堡地区，这将是失败的开始。"

希特勒向隆美尔提出了解决办法：两个装甲军团必须不断地进攻盟军，使盟军失去平衡。至于德意部队需要的补给，运往突尼斯的补给品将增加一倍，随后再翻一番。

看到这份电报，隆美尔突然间感到自己又受到了愚弄，心脏痛得已经无法支撑下去。身边的随行人员把他抬上了指挥车,马上驱车赶回司令部。不久,医生告诉隆美尔说:"你必须马上回国接受治疗,一刻都不能耽误。"

下午,隆美尔在飞机旁向将军们挥泪告别。阿尼姆并没有赶来送行,因为他早就瞒着隆美尔回罗马向凯塞林元帅求援去了,他想让凯塞林向意大利海军提出请求,把德意部队接回意大利。

3月8日,匆匆赶回突尼斯的阿尼姆紧紧抓住还未离开的隆美尔,请求隆美尔挽救仍在突尼斯的这两个装甲军团的命运。阿尼姆说:"德国再也经受不起第二个斯大林格勒的惨败了。我们还要等些时候,意大利海军才能把我们救回去。"

隆美尔静静地看着阿尼姆,过了很久,他回答说:"我已经尽力了,

盟军士兵正在保养枪支。

但元首不同意我们撤军。"隆美尔向大家敬了一个礼,并许下诺言:"我这次回去还想再劝一劝元首,一旦最坏的情况发生,我会赶回来的。"

但是,隆美尔自此一去未返。他的参谋、司机早在他登机前就回到了德国,并带走了他喜欢在总结战斗时用的打字机和文件。

下午5时,隆美尔到罗马见了墨索里尼。他一向对这位独裁者的传奇经历深表佩服,双方的会谈是在和睦的气氛中举行的。他们谈了25分钟。墨索里尼用流利的德语询问军事行动失败的经过:"蒙哥马利事先知道我们的进攻吗?"

隆美尔说:"他知道。"

墨索里尼问:"那你认为马雷斯防线能守住吗?"

隆美尔回答:"部队已经尽全力去加强防御了,还布了18万颗地雷,但马雷斯防线没有天然的反坦克防御工事,不利于防守。"

隆美尔还告诉墨索里尼,蒙哥马利现在竟有1.1万多辆坦克和卡车。与阿拉曼战役时相比,蒙哥马利的优势似乎更大了。

墨索里尼想了想,对隆美尔说:"你知道,我们必须守住突尼斯的。突尼斯是非洲的最后堡垒。没有了非洲,世界力量的平衡将对我们更加不利。"

隆美尔点了点头,表示同意,但他告诉墨索里尼说,目前近650公里的防线太长了,战争的胜负完全取决于给养问题。墨索里尼也表示同意隆美尔的看法,他说:"我一向都很乐观。意大利和德国遇到了困难,但我相信英国人和美国人同样也有他们自己的问题。如何战胜困难呢?我认为最好的办法就是意志力。只要我们拒绝接受失败这种观点,我们就能赢的。"

★ 隆美尔在"狼穴"与希特勒争吵

3月10日下午3时15分,隆美尔来到"狼穴",也就是希特勒在乌克兰的秘密司令部。"狼穴"是一个简陋的临时木建营房,野心勃勃的希特勒曾在这里指挥过斯大林格勒战役,这时的希特勒正准备指挥德军进行反攻。

隆美尔听说希特勒正在巡视曼施坦因设在扎波罗热的前线指挥部,于是,一边等待希特勒回来,一边跟希特勒的参谋们聊天。

3月10日下午6时,希特勒乘坐大型秃鹰牌轿车回来了。

希特勒仔细地打量着隆美尔。隆美尔的脸上和脖子上长满了脓疮,脖子上还围着绷带。他认为隆美尔的神经已经崩溃了。

隆美尔也在打量着希特勒,希特勒形容枯槁,脸色苍白,完全没有了往日的神采。

希特勒说,人们在失败后总能发现阴暗的那一面,这是一种经常使人作出错误判断的危险习惯。希特勒含沙射影地给隆美尔贴上了"失败者"的标签,使得隆美尔的心情很不好。但隆美尔决心使用死缠烂打的方法,非要希特勒同意收缩防线不可。

这时,戈林的威望持续下降,因为德国空军无力阻挡盟军对欧洲进行的空前规模的空袭。邓尼茨海军上将的德国潜艇部队的情况稍好一些,并且越来越受到希特勒的宠信。与陆军相比,德国党卫军的精锐部队在苏联一直表现得很出色。

隆美尔将突尼斯的局势向希特勒详细地作了汇报,强调补给的困难。隆美尔再次恳求收缩防线,但希特勒坚决不同意。隆美尔忍不住与希特勒争论起来。

3月11日,希特勒派人传来隆美尔,授予他骑士十字勋章上佩戴的钻石。隆美尔成为第一个荣获钻石的陆军军官。但他仍不肯放弃收缩防线的请求,要求从突尼斯撤军。晚上11时20分,希特勒邀请戈林和隆美尔共赴晚餐。

隆美尔接连3天参加希特勒主持的军事会议，并定期陪同希特勒。一天晚上，隆美尔跟希特勒就各个战线的情况一直争论到清晨1点半。结果，有人说隆美尔又在骗取希特勒的宠信，隆美尔感到十分恼火，决定尽早离开。

隆美尔仍坚持要求收缩防线，这是他为"非洲军团"所做的最后的一件事。希特勒认真地考虑了这一要求，他也不想出现第二个斯大林格勒战役。

3月12日中午，希特勒把隆美尔叫来，同意了隆美尔的部分意见。希特勒下令："将第一装甲军团的步兵撤回昂菲达维尔稍偏南的瓦迪阿卡里特地区。但应出动更多的部队去防守马雷斯防线，如果它有被突破的危险，那么应及时放弃。"

根据这一命令，轴心国军的防线缩短了300公里。希特勒准备派邓尼茨亲自飞往罗马向墨索里尼施压，以加快对突尼斯补给物资的运输，每个月至少送去15万吨。隆美尔认为15万吨是完全不可能做到的，但他没有再说什么，毕竟希特勒已经给了他很大的面子。

不久，隆美尔与希特勒告别，乘飞机赶往维也纳，妻子露西正在那里等待他的归来。隆美尔的专机刚刚起飞，一封电报就送到罗马的凯塞林手中："元首批准了隆美尔元帅的病假……这件事必须绝对保密，甚至对突尼斯的高级指挥官也不能泄露。"

2天后，希特勒让邓尼茨亲自捎给墨索里尼一封信，希特勒的这封信长达10页。在信中，希特勒向墨索里尼解释说："鉴于医生的建议是刻不容缓的……隆美尔的敌人害怕与他对垒，我请求你方一定要对隆美尔的解职绝对保密……不管后人如何评价隆美尔，对于'非洲军团'，尤其是对于德军官兵，他在每个指挥岗位上都曾受人信任。尽管他在阿拉曼战败了，但我清楚一切……"

接下来的近两个月里，隆美尔安安静静地接受治疗。随着病情的稳

第四章 突尼斯的争夺

定，隆美尔又开始回忆战争了。露西成为他的打字员，14岁的儿子曼弗雷德用铅笔在军事地图上标示。陷入绝望的隆美尔一直惦记着非洲，许多事情似乎就发生在昨天。自1941年2月以来，1万多名德国官兵，包括9名将军死在非洲。

他一直与阿尼姆保持通信。阿尼姆每天向他汇报突尼斯的局势。战局越来越对轴心国不利，突尼斯大难临头了。

隆美尔对阿尼姆等将军的命运感到担忧。阿尼姆的处境太危险了，只剩下70辆坦克，用的燃油是从突尼斯城运来的劣质白酒和酒精。隆美尔

两名盟军士兵正在查看缴获的德军 MG34 机枪。

给希特勒发电报，请求至少应该把最有价值的德国专家和军官们从突尼斯撤退。

但凯塞林仍像以前一样乐观，他向希特勒报告说：意大利海军说过段时间就能运送给养物资了，守住突尼斯是很有可能的。希特勒听信了凯塞林的话。他命令凯塞林："必须想办法守住突尼斯，哪怕战斗到最后一兵一卒。"

但是，隆美尔离开的情报很快就被盟军掌握了，许多英军军官们欣喜若狂。美军的巴顿将军却深感失望，认为这是他个人的"重大挫折"。巴顿认为只有战胜隆美尔，才能奠定自己在军事史上的地位。

巴顿曾经对一位朋友说："我花了很多年的时间充实自己，准备对付隆美尔。我平生的愿望就是能够与他一决高下。"隆美尔的病退使巴顿的梦想破灭了，使他对非洲战役失去了兴趣。

第四章 突尼斯的争夺

德军士兵修理隆美尔（右上）的指挥车。

几名美军飞行员正在谈话。

被盟军俘虏的"非洲军团"士兵。

第四章　突尼斯的争夺

被炸毁的德军 Bf-109 轰炸机。

正在休息的盟军士兵。

第五章
"非洲军团"的覆灭

 海上封锁突尼斯

盟军攻占阿尔及利亚机场后，1943年1月，美军第十二航空队也加入了地中海作战。第十二航空队高速低空轰炸的作战技能，给意海军以重创。盟军在地中海已经控制了制空权，作战飞机既能击沉海上的德意舰船，又能对港口和港湾内的舰船进行轰炸。

1943年1月，盟国空军对墨西拿港发动了8次大规模空袭，意第八巡洋舰分舰队在多次损失惨重的情况下，被迫逃到塔兰托港。

盟国空军的大规模空袭使意主力舰不断北撤，意海军基地距离地中海战场中心地带十分遥远。结果，意大利海军的主力舰只脱离了战争，而意大利一向把海军视为在地中海战区的中流砥柱。

从此，意大利海军只能用小型军舰替运输船队护航了。

★盟军布设的水雷带

意海军驶往突尼斯的必经之路是西西里海峡。过去，意海军为了封锁马耳他岛，在西西里海峡的东面设了一条宽阔的水雷带。

盟军在法属北非登陆以后，意大利海军在西西里海峡的西端又设了一条新的水雷区。这条新的水雷区从比塞大港东北至斯凯尔基沙洲，长80海里。

新的水雷防线建立后，驶往突尼斯和比塞大的意船队几乎躲开了来自盟国海军的突袭，意海军司令部为此而窃喜。盟国海军司令坎宁安海军上将想到了一条毒辣的计策：在意大利水雷防线里布设新雷区，堵死意运输船队的航道。

英国马耳他海军分舰队发现意两道水雷防线之间的航道宽仅50海里，

于是在靠近比塞大和突尼斯城一侧设了水雷区。

不断有意船只触雷沉没的情报送来,意海军才明白上当了。意大利经过两年半的海战,扫雷舰已经不多了,无法应对大面积的扫雷作业。在英海军的雷区,英空军拥有绝对制空权。意海军试过消除水雷,但因损失惨重,而被迫放弃了。

由于英海军投设的水雷区面积越来越大,在埃加迪群岛与突尼斯各海港之间的地带,仅剩一条长达40海里的"胡同"是安全的,其宽度不足1海里。

意海军护送混编成的船队通过这条无航标的海上"胡同",再加上盟军的大规模空袭,其艰难可想而知。

1943年1月30日,邓尼茨升任德国海军总司令。邓尼茨上任时,突尼斯之战正打得火热。

邓尼茨认为,"非洲军团"在突尼斯的战斗成败取决于意大利海军能否从海上提供足够的补给。他对意海军没有提供足够的补给非常不满。他向希特勒报告说,德海军准备对执行补给任务的意海军在人员和物资上给予支援。

当时,希特勒正为突尼斯的补给问题而头疼,突尼斯每天都吵着要补给。希特勒立即同意,还给墨索里尼写了一封信。

1943年3月17日,邓尼茨飞抵罗马。他在意大利里卡尔迪海军上将的陪同下拜见了墨索里尼。

墨索里尼对于德海军支援意海军的决定表示感谢,并完全赞同。邓尼茨与里卡尔迪等意海军高级军官进行了会谈。意海军怀疑德海军真正的意图是想控制意海军,军官们对邓尼茨的指手画脚十分反感。

邓尼茨遭到意海军军官们的冷遇后,还在极力使里卡尔迪及其部下们相信,德海军是为了共同的利益才主动提供援助的。

德国海军上将邓尼茨。

最后，双方达成了协议：由一个德国参谋部进驻意大利海军总司令部，德国参谋部由对指挥护航运输队很有经验的将军领导。为了掩护运输船队，由德国海军提供防空武器，意海军将6艘法国鱼雷艇送给德海军执行掩护任务。

3月18日，邓尼茨向希特勒报告说，对确保海上补给线的安全来说急需空军的支援，只靠海军无法抵御盟军的空袭。

斯大林格勒会战失败后，希特勒正集中兵力准备夺回苏德战场的主动权，已经没有空军可以支援意大利。当邓尼茨回到柏林时，希特勒向邓尼茨解释说："为了抵御敌人的空袭，可以由海军采取低空防御措施。"

邓尼茨感到非常失望，没有空军的支援，德意海军无法对付地中海盟军的轰炸。

第五章 "非洲军团"的覆灭

邓尼茨派卢格中将担任驻意海军总司令部的德国参谋部参谋长。卢格曾任德军驻法国北部和西部海岸地带保安司令，在指挥护航运输队方面经验丰富。

邓尼茨将卢格派往意大利，希望他能为笨拙的意海军提供指导并在德国对护航运输队进行护航方面取得战绩。

卢格来到意大利后，发现意大利至突尼斯的海上运输线是世界上最危险的"死亡之线"。在这条航线上，卢格还不如意海军同行懂的多。

卢格在罗马服役了不足两个月，当时意运输船照样被盟军的轰炸机炸沉，盟军完全掌握着制空权。

隆美尔（左）和海军上将卢格视察大西洋防务。

卢格报告说，意海军总司令部已经竭尽全力了，地中海的补给条件比法国北部和西部海岸诸水域差得太多了。最后，卢格说，西西里海峡是座"咆哮着的熔炉！"

后来，意舰船改道向邦角－埃加迪群岛雷区以东航行。这条航道宽度不超过3海里，在某些区段，连半海里都不足。在盟国海空军没有对这条航道实行联合封锁前，意舰船宁愿走这里。

1943年2月，盟军加强了对这条航道的封锁，这条航道也变成了"死亡航线"。

利比亚的"非洲军团"已经弹尽粮绝，部队每月最少需要8万吨的补给，可在12月仅得到2.4万吨，最后被迫撤离的黎波里，于1943年2月中旬逃到突尼斯马雷斯防线，坚守着突尼斯的门户。

3月，盟军发动了攻势，决定首先摧毁马雷斯防线。与此同时，盟军海空军再次联合作战，痛击意补给舰船和"非洲军团"后方运输线。

盟军装备了大量的美式轰炸机，能够在白天对西西里岛、意大利和地中海地域的运输船只装载点和护航舰船编组进行大规模轰炸。

在一次轰炸中，22架美式飞机把西西里巴勒莫港的4艘商船击沉。4月10日，美国轰炸机向驻守在撒丁岛拉马达莱纳港的意最后2艘重型巡洋舰发动突然袭击，击沉"的里雅斯特"号，摧毁"戈里齐亚"号。

后来，"非洲军团"司令阿尼姆上将再次向希特勒报告弹尽粮绝的困境。南线的凯塞林元帅建议撤出突尼斯，把部队撤回本土，可是希特勒没有同意。这样，轴心国的陆海空军将继续在非洲垂死挣扎。

4月，被盟军空军击沉击伤的意补给船高达60%。4月30日，3艘意大利驱逐舰运送的部队900人也被击沉。

结果，在美国战斗机的围追堵截下，德意的空运被迫停止。但德意不甘示弱，于5月3日夜晚派出1艘8000吨的商船，满载着弹药、炸弹和地雷，在1艘鱼雷艇的护航下向突尼斯进发。

第五章 "非洲军团"的覆灭

结果，意商船和鱼雷艇在邦角附近被3艘英国驱逐舰击沉。无法得到补给的突尼斯"非洲军团"，情况十分危急。

5月7日，盟军攻占了"非洲军团"在北非的最后两个海港——突尼斯港和比塞大港。"非洲军团"逃到突尼斯北部的邦角，向上级报告无力再接受船运补给。

希特勒下令派船增援。当天晚上，3艘德国运输船向邦角驶去，但当他们通过西西里海峡后却找不到能够靠岸的港口，而被盟军飞机炸成了碎片。

在突尼斯之战的最后阶段，盟军统帅部认为"非洲军团"会通过海路或者空运从邦角逃走。盟国海空军计划对突尼斯海岸实行封锁，准备把"非洲军团"歼灭在非洲大陆上。

意大利"的里雅斯特"号巡洋舰。

为此，盟国地中海护航运输船队停止驶向马耳他岛，集中海军力量封锁突尼斯。在突尼斯海岸，盟军进行了第一次严密封锁，参加封锁的驱逐舰、鱼雷艇和小型舰艇在邦角海岸呈半圆形展开。

盟军炮舰向邦角半岛的"非洲军团"开火，牵制向实施封锁的舰艇射击的德意炮兵部队。盟军的轰炸机和战斗机支援和掩护舰艇，歼灭了"非洲军团"的飞机，使"非洲军团"无法乘运输机逃走。

第五章 "非洲军团"的覆灭

 "超级炸药"行动

在隆美尔离开的前几天，1943年3月6日，根据艾森豪威尔的命令，巴顿少将接管了第二军。巴顿决定提高美军的士气，提高美军的作战素质和能力。

巴顿计划以实际战绩表明，第二军的官兵们能够对付德国、意大利"非洲军团"的老兵，一点也不比英军差。

"非洲军团"的大炮。

要做到这一点是很难的，巴顿心里明白，这要求他必须重新训练和装备第二军，使官兵们从失败中吸取经验，恢复信心和自尊。

艾森豪威尔对巴顿的想法给予了高度的评价，表示一定支持他的工作，支持巴顿毫不留情地对不称职的军官进行撤换。

巴顿来到伊斯坦布尔，到第十八集团军群司令部报到。巴顿会见了亚历山大，双方进行了整夜会谈。亚历山大认真地向巴顿下达了他的任务：约两周后，蒙哥马利的第八集团军向马雷斯防线发起攻势，到时第二军的任务是援助第八集团军进攻加贝斯平原的行动，第二军必须尽量多地牵制"非洲军团"。

亚历山大对美军的能力持怀疑态度，为了避免美军重蹈惨败的覆辙。亚历山大对巴顿的第二军做了详细的部署：由西多塞尔出发到达东多塞尔，占领通向加贝斯道路上的交通中心加夫萨。就是说，第二军的任务只是牵制海岸平原上"非洲军团"的侧翼，到多塞尔停止前进。

亚历山大将军事进攻的日期定为3月17日，巴顿只有11天的时间训练第二军，同时做好战斗准备。

根据多年的指挥经验，巴顿知道一支不守纪律、军容不整的军队是不可能打胜仗的。为此，巴顿决定先从整顿军纪着手，采取"不民主的、非美国"的严厉措施，对这群"民主人士"进行严厉压制。

★ 巴顿整顿军纪

巴顿从严格的作息时间抓起，并以身作则。接着，巴顿下达了强制性的着装令，规定：只要在战区，每个官兵必须戴钢盔、系领带、打绑腿，后勤人员也不能例外。这一命令也适用于战区的许多医务人员、修理工。巴顿发现当你动别人的钱包时，别人才会真正听话。因此，他规定凡是违反命令的人一律交罚金或者按军纪处置。

巴顿的强制措施遭到了许多官兵私下的反感和谩骂，可是这样做确实

第五章 "非洲军团"的覆灭

巴顿决定重整军队以提高美军的战斗力。图为巴顿（左二）指导坦克驾驶员训练。

改变了第二军拖拖拉拉的作风，第二军的精神面貌焕然一新。

巴顿以他特有的方式激励第二军的官兵。巴顿乘坐吉普车似旋风般地穿梭于所有的部队中，很远就按响喇叭，表示自己来了。巴顿到处大喊大叫，发表危言耸听的演讲，向美军灌输仇视德军的情绪。

巴顿的目的实现了。他把战斗精神输入第二军，用尚武精神武装官兵们的思想。有些官兵恨他，但大多数官兵尊重他，并开始向他学习。第二军有了铁一样的纪律，官兵们逐渐恢复了勇气。

就这样，第二军的面貌得到了改善，官兵们装备优良，士气大振，严守军纪。第二军变成了真正的军人，进入了巴顿所说的"战斗状态"。

1943年3月12日，巴顿的好运来了，他被晋升为三星中将。

巴顿个性率直，为人豪放。他担任第二军军长后，对布莱德雷将军在第二军中的身份强烈的不满。

布莱德雷是位优秀的军官，为人谦逊善良，头脑清醒，凡事都从实际出发，在战场上对全局和重点的把握十分到位，是美军中一员不可多得的儒将。

1943年2月24日，布莱德雷来到北非，成为盟军总司令艾森豪威尔的助手。由于突尼斯前线盟军接连失利，艾森豪威尔派布莱德雷去第二军掌握情况，担任联络官。

就这样，布莱德雷变成了艾森豪威尔安插在第二军的"耳目"，有权向前线司令官和盟军司令部提出意见。

当时的第二军军长弗雷登道尔非常瞧不起他，认为他只是一个向总部打小报告的情报员。

巴顿担任第二军军长后，与布莱德雷相处得很好，十分钦佩他的军事才能。但巴顿同样无法容忍自己受到监视，于是向艾森豪威尔明确表示，要么让布莱德雷加入第二军司令部，接受指挥，要么把布莱德雷调

第五章 "非洲军团"的覆灭

美国布莱德雷将军。

往别处。

巴顿进一步指出,他想把布莱德雷留下来担任副军长,而不是"窃听器"。艾森豪威尔只好同意了巴顿的建议。

结果,巴顿和布莱德雷成为亲密的伙伴,共同指挥所属部队。事后证明,他们的结合正好取长补短,的确是一对非常理想的合作伙伴。

布莱德雷沉着冷静,学识渊博,经常提出绝妙的军事计划,指挥部队时从不出差错,是一位难得的将军。巴顿豪放勇猛,多才多艺,能征善战,是一员不可多得的虎将。

3月14日,亚历山大重申了巴顿在第二军仍担负原来的任务,并且多次提醒巴顿，"非洲军团"或许对他的侧翼发起反攻，在任何情况下都不准越过东多塞尔。阻击时行动必须缓慢，不准追得太远。

巴顿心中非常恼火，虽然亚历山大反复叮嘱，可是巴顿并不想完全根据他的计划执行。巴顿决心给德意部队以毁灭性的打击，取得令世人刮目相看的重大胜利，以报卡塞林山口之仇。布莱德雷非常谨慎，多次告诫巴顿要暂时忍耐，要首先处理好美英之间的盟友关系。

3月17日，在蒙哥马利发起进攻的前3天。第二军根据亚历山大的计划对敌人发起了进攻。

第二军的任务有两个：

第一，特里·艾伦指挥第一步兵师占领加夫萨，若顺利的话，就能够占领埃尔盖塔，替蒙哥马利建立一个燃料库。

第二，沃德指挥第一装甲师通过卡塞林山口，攻打埃尔盖塔东北的斯塔欣—德塞内德，若条件允许，向梅克纳西进发。其他部队准备随时增援。

战役打响后，亚历山大和艾森豪威尔亲自来到第二军指挥部监督。巴顿亲自在前线指挥，与第一步兵师一同向加夫萨进发。第一天的进攻非常顺利，第一步兵师冒着大雨前进了72公里，攻占了加夫萨。

3月18日，第一突击营占领盖塔尔，"非洲军团"仓皇逃跑。美军终于可以扬眉吐气了，结果这次胜利被美国媒体大肆宣传，巴顿的声誉更高了。

3月20日，在进行了大规模的炮击后，盟军第八集团军第三十军在海岸附近发动了正面进攻。由于易守难攻，地形复杂，进攻失败。

蒙哥马利改变了作战计划，将左翼的佯攻变为主攻。新西兰军和第十军负责主攻，空军则用强有力的火力支援地面部队。蒙哥马利将这一行动称为"超级炸药"。

由于"超级炸药"需要五六天的时间，蒙哥马利向亚历山大建议，让

第五章 "非洲军团"的覆灭

"非洲军团"由于补给不足而导致战斗力锐减，狼狈撤退。

巴顿的第二军进攻海边，切断"非洲军团"从加贝斯至斯法克斯的主要通道。

亚历山大不敢让美军承担这么大的风险，他下达给巴顿的任务只是攻占梅克纳西以东的东多塞尔山口，派一支轻型装甲部队捣毁东边16公里处的机场。

这时，巴顿正在为没有任务而烦恼，所以高兴地接受了。

3月21日，沃德指挥第一装甲师攻占了塞内车站。3月22日，又攻占了梅克纳西。当时，沃德的装甲部队离东多塞尔山口很近，只要发动一次攻势就能占领山口。

由于沃德优柔寡断，迟迟不肯发动进攻，结果耽误了时间。不久，德军第十装甲师增兵东多塞尔山口，挡住了沃德前进的道路。

这时，巴顿正亲率第一步兵师顺着加贝斯公路朝盖塔尔以东快速推进，开始时进展十分顺利。3月23日上午，德军第十装甲师突然袭击了第一步兵师。第十装甲师在卡塞林山口战役中曾经重创美军，这次还想击溃美军。但巴顿不甘示弱，指挥美军阻击德军，战斗非常激烈。

下午，德军再次发起大规模进攻，遭到第二军的顽强阻击。第二军寸土不让，表现得非常顽强。后来，德军被迫撤退。这证明第二军已经不是以前那支不堪一击的弱旅了。

亚历山大对巴顿的战绩非常满意，他指出，巴顿的主要任务是拖住德军第十装甲师，使它不能回援马雷斯防线。

为此，26日，亚历山大给巴顿下达了新的命令：停止对梅克纳西的进攻，第一、第九步兵师和第一装甲师从盖塔尔出发进攻加贝斯，第三十四师占领东多塞尔附近的方迪克，为第八集团军第六装甲师进驻海岸平原打通道路。

德军第十装甲师及其所属部队已经没有退路了。他们明白，撤退就等于"非洲军团"在北非战区的全面崩溃，因此他们拼死抵抗。

第五章 "非洲军团"的覆灭

盟军步兵从盖塔尔出发,准备进攻加贝斯。

战斗残酷地进行着,双方都付出了极大的代价。30日,巴顿下令停止进攻,进行休整。很快,巴顿从第一装甲师中抽调精锐,组成由本森率领的特遣部队,再次发起进攻,计划打通加贝斯公路,但再次失败。而后,美军的攻势减弱。

战斗越来越激烈,第二军的伤亡不断加大,士气开始下降。巴顿知道,检验一个指挥官能力的机会来了。因此,巴顿将艾森豪威尔要求他注意安全的嘱咐抛在脑后,亲自来到前线指挥。巴顿用各种方式鼓舞第二军的士气,命令军官们亲临前线,与士兵们一起进攻。

他反复呼吁本森的突击队朝前冲,直到"打到海边"。本森的突击队只有一个坦克营、一个反坦克营和一个装甲步兵连。

4月7日,巴顿又来到前线督战,看到本森的突击队被德军的地雷区

巴顿将军离开突尼斯转为继续进攻西西里岛。图为跟随巴顿攻打西西里岛的美军士兵登上运兵船。

挡住了。巴顿不顾部下阻挠，开着吉普车在前边开路，冲过了雷区，突击队顺利通过了。很快，本森突击队就与蒙哥马利的先头部队会师，打通了道路。

为了应付第二军的英勇进攻，德军把精锐的第二装甲师调离马雷斯防线，阻挡蒙哥马利对阿卡里特河阵地展开的正面进攻。双方决战的时刻来到了。

4月14日，艾森豪威尔通知巴顿：由副军长布莱德雷接替巴顿担任第二军军长，巴顿回到摩洛哥继续制定进攻意大利西西里岛的计划。

就这样，巴顿未能参与突尼斯战役的最后进攻。他为此深感遗憾。

"非洲军团"放下了武器

针对"非洲军团"的马雷斯防线，1943年3月中旬，亚历山大制定了新的军事计划，对盟军的兵力进行重新部署。

坚守马雷斯防线的意大利第一集团军司令梅塞将军指挥6个师，包括2个德国师，约为8万人。德军第十五装甲师作为预备队。第一集团军装备了150辆坦克、680门火炮。

英军第八集团军由第十军、第三十军和新西兰军组成，下辖4个师步兵师，2个装甲师又10个装甲旅，装备了610辆坦克、1410门火炮，还

盟军增援部队坦克运抵战场，等候作战指令。

有22个空军中队配合作战。

为突破马雷斯的防线，蒙哥马利早在1942年底就组织了对马雷斯防线的侦察。一支"沙漠远程侦察组"于1943年1月向蒙哥马利报告说，他们发现了一个能够实施翼侧包围的隘口，根据发现者的名字将这一隘口称为"怀尔德隘口"。

通过大量的侦察，蒙哥马利积累了关于马雷斯防线的许多情报，在这个基础上制定了进攻计划，代号为"拳击家"。

根据"拳击家"计划，第二十军的3个步兵师进攻防线东翼，在近海地区打开一个防线缺口。第十装甲军通过防线缺口处发起进攻。同时，新西兰军从西翼绕到迈特马泰山发起进攻，对"非洲军团"后方造成威胁，从而牵制"非洲军团"的后备力量。

3月20日晚，英军第三十军在接近海岸的狭窄沼泽地带发动了强攻，但没有取得重大突破，仅在德意军队的防线打开一个很小的缺口。

3月21日夜间，增援部队赶到后，英军再次发起进攻，缺口稍微扩大。反坦克炮由于受到沼泽地及地雷的阻滞，没有跟上，英军的前沿步兵阵地在没有得到支援的情况下被德军的反攻摧毁。

英军从正面发起的进攻失败，退回出发阵地。由于初战失败，蒙哥马利立即改变了原计划，把主攻地点转移至内陆侧翼。

蒙哥马利命令英军第十军和第一装甲师于3月23日夜增援受阻于普卢姆山峡的新西兰军。

印度第四师由梅德宁地区向内陆侧翼进发，牵制"非洲军团"侧翼的兵力，打通另一条进攻线。新计划的代号是"增压2号"。

增援部队赶到后，于3月26日下午4时，英军在空军的支援下发动突然进攻。"非洲军团"无法抵挡英军的强大攻势，在即将被包围的情况下，被迫向北退守瓦迪阿卡里特。

3月28日上午9时，英军越过马雷斯防线，通向突尼斯的道路打通了。

4月7日，英军第八集团军进攻瓦迪阿卡里特防线的"非洲军团"，英军与美第二军先头部队会师，把"非洲军团"包围。"非洲军团"主动放弃了阵地继续向北撤退。

4月13日，"非洲军团"退到在突尼斯的最后一道防线昂菲达维尔－蓬德法斯一线。就这样，"非洲军团"在突尼斯东北部只剩一个南北130公里长、东西60公里宽的阵地。

4月14日，英军第八集团军追到昂菲达维尔防线。

4月16日，亚历山大宣布代号为"铁匠"的进攻行动开始。

★英国元帅哈罗德·亚历山大

哈罗德·亚历山大于1891年12月10日出生在爱尔兰的贵族家庭。在哈罗公学时期，亚历山大就热爱竞技运动和绘画，立志当皇家艺术学会的主席。

1911年，亚历山大从桑赫斯特皇家军事学院毕业，加入爱尔兰近卫军担任少尉。第一次世界大战期间担任过排长、连长、营长和临时旅长，由中尉逐渐晋升为中校。

1918年至1919年，亚历山大在英国驻波兰军事代表团供职。1919年，亚历山大奉命率领兰德斯威旅参加对苏俄的战斗。1920年，亚历山大回国担任营长。后来，亚历山大先后随军来到君士坦丁堡和直布罗陀服役。

1926年，亚历山大考入坎伯利参谋学院。第二年毕业后在陆军部和北方军区供职。1930年，亚历山大从帝国国防学院毕业，并与玛格丽特·宾厄姆举行了婚礼。1934年，亚历山大担任印度军旅长。

1939年，亚历山大担任第一步兵师师长，晋升少将，率第一步兵师编入英国远征军中，赴法国参加第二次世界大战。

1940年5月，在敦刻尔克大撤退中，亚历山大晋升第一军军长，组织英法联军成功地撤到了英国，以镇定自若而闻名。

第五章 "非洲军团"的覆灭

英国亚历山大将军(右)听取部下汇报战况。

1940年12月，亚历山大担任南方战区司令，晋升为中将。

　　1942年3月，缅甸局势告急，丘吉尔任命亚历山大指挥缅甸军对日军的作战行动。因为盟军很难协调和缺少空中支援，亚历山大率余部撤往印度。7月，亚历山大担任英军第一集团军司令，奉命参加攻打法属北非的"火炬"计划。不久，亚历山大被赋予更加重大的任务。

　　1942年8月15日，亚历山大赶到埃及首都开罗，接替奥金莱克担任英军中东战区总司令，晋升为上将。

　　北非战役结束后，亚历山大升任地中海战区盟军最高副司令，兼任第十五集团军群司令，指挥美军第七集团军和英军第八集团军攻打意大利西西里岛的海战。

　　由于美英联合参谋长会议对于攻占西西里以后是否攻打意大利缺乏明确的指示，使得西西里作战计划很难围歼守军。

　　1943年7月10日，亚历山大组织英军和美军分别在杰拉湾和诺托湾登陆。英军在主攻方向上失败，美军率先占领巴勒莫又进攻墨西拿。"非洲军团"残部在8月17日通过墨西拿海峡逃回意大利。"非洲军团"共伤亡16万人。

　　为了占领意大利，亚历山大指挥英军第八集团军第十军、第十三军和第五军于9月2日晚渡过海峡在勒佐登陆。

　　美军第五集团军司令克拉克奉亚历山大之命率领美军第六军，于9月9日在萨勒诺登陆，后来增加了美军第二军和英军第十军。美军第五集团军遭到了德军的顽强阻击，伤亡惨重，但在空中和海军炮火的支援下仍坚守着阵地。

　　9月16日，德军第十集团军进攻盟军失败，向北撤退。

　　9月21日，亚历山大把作战目标分成4个阶段：巩固萨勒诺—巴里防线；攻占那不勒斯港口和福贾机场；攻占罗马及其机场和交通枢纽特尔尼；占领里窝那港口、佛罗伦萨和阿雷佐。

第五章 "非洲军团"的覆灭

10月1日，盟军占领那不勒斯。

11月，驻守意大利的所有德军改编成C集团军群，凯塞林担任总指挥。

11月8日，亚历山大下达快速攻占罗马的命令。

12月，盟军发起强大的攻势，但推进缓慢。

这时，德军第十集团军坚守古斯塔夫防线，北边是德军第四集团军。亚历山大计划在1944年1月20日左右由美军第五集团军攻打古斯塔夫防线。由美军第五集团军的第二军强渡拉皮多河，发动进攻，吸引德军再占领利里河谷。当美军第五集团军的第六军在防线后面的安齐奥登陆时，第五集团军其他部队趁机进攻防线。

1944年1月22日，盟军在安齐奥登陆，却没有向罗马快速进军。盟军对古斯塔夫防线的进攻被阻止。德军发动了对安齐奥的大规模反攻。

美军第六集团军士兵正在前进，他们即将进攻德军安齐奥阵地。

安齐奥盟军的两路攻势都被阻止。2月18日和29日，德军两次发动大规模的反攻，都经过激烈的战斗而失败。从此，双方进行了长期的空袭和炮战。

亚历山大秘密地改变了盟军的兵力部署：从第五集团军抽调英军第十军，把第八集团军部署在卡西诺地区，担任插入利里河谷的主攻任务。

亚历山大的作战计划是：第八集团军顺6号公路突破德军防线，进军罗马；美军第六军由安齐奥滩头阵地发起进攻，在瓦尔蒙托内控制6号公路。如果进展顺利，撤退的德军第十集团军就陷入了包围圈。

5月10日，盟军的全面进攻开始。法军冲过了古斯塔夫防线，美军趁机朝通向安齐奥和阿尔班山地的7号公路快速推进。

5月15日，英军第八集团军向利里河谷进发。德军的反应迟钝为美军从滩头阵地扩展阵地提供了良机。

由于克拉克命令美军向瓦尔蒙托内进攻，要求在占领奇斯泰尔纳以后准备用主力部队攻打罗马，结果亚历山大围歼德军的计划出现了漏洞。5月26日，安齐奥的盟军也朝北进发。6月4日，美军占领罗马，德军成功地撤离了。

1944年12月，亚历山大接替梅特兰·威尔逊担任地中海战区盟军最高司令，晋升为元帅。克拉克升任第十五集团军群司令。

突破哥特防线的盟军拥有兵力、装备的优势，还掌握着制空权。

1944年3月，凯塞林升任西线德军总司令，菲廷霍夫升任C集团军群司令。

亚历山大计划在雷诺河下游和波河之间歼灭德军。1945年4月9日，在大规模空中轰炸和炮火轰炸后，英军第八集团军发动了进攻。18日，英国越过阿尔詹塔峡谷。4月14日，盟军第五集团军发动了进攻，19日到达波伦亚郊区。

4月20日，菲廷霍夫想退守波河，但已经来不及了。4月25日，意大利游击队发动全面反攻，德军处境非常被动。

4月29日，驻意德军代表签署了无条件投降的文件，亚历山大代表盟国接受德军的投降。

1946年至1952年，亚历山大担任加拿大总督。1952年至1954年，亚历山大担任英国国防大臣。1954年，亚历山大退出现役。1962年，亚历山大出版了《亚历山大回忆录》。

1969年6月16日，亚历山大逝世。

1943年的时候，根据亚历山大的"铁匠"计划，盟军将兵分四路向"非洲军团"进行向心进攻。

第一路是蒙哥马利指挥的英军第八集团军，越过昂菲达维尔向北进攻突尼斯东北部的哈马马特，以防止德意残余部队退守那里，进行持久战，尽量多地吸引"非洲军团"的兵力，有效地支援盟军的主攻。

第二路是法国第十九军，位于安德森的右翼、蒙哥马利的左翼，其任务是对"非洲军团"发动进攻，对当面之敌保持压力，趁安德森和蒙哥马利两路大军发起总攻之时扩大战果。

第三路是安德森的第一集团军，这一路是主攻方向。第九军在蓬杜法赫与古拜拉特之间发动进攻，替装甲部队打开通道。第五军在迈杰兹巴卜发动进攻，进攻由德军第三百三十四师坚守的长达25公里的阵地。

第四路是美军第二军，在更北的阵地发动强大进攻。

4月19日，蒙哥马利指挥第八集团军的3个步兵师向昂菲达维尔防线发起突击，想把"非洲军团"赶走。蒙哥马利认为"非洲军团"将调去增援突尼斯城的防御，没有想到"非洲军团"在昂菲达维尔防线上伏有重兵。

当时，"非洲军团"在昂菲达维尔防线从左至右部署了德军第九十轻装师、青年法西斯师、意军皮斯托亚师、德军第一百六十四轻装师，德军第十五装甲师作为预备队。"非洲军团"的装甲车辆、油料和弹药非常缺乏,但步兵抱着拼死的决心抗击。根据亚历山大的作战计划,印度第四师先占领加西山,再向西北方向穿越陡峭的小山、高地,向前推进20公里,到达泰拜盖山下的敌反坦克壕防线。

4月19日夜晚,印度第四师已经有4个营参加激战,但仅在加西山上占领了很小的一块阵地。

为了占领这块阵地,该师阵亡500人。负责攻占泰克鲁奈地区的新西兰第二师也付出了惨重的代价。

泰克鲁奈是个小山村,村庄的两侧是悬崖,村中的房屋以及高低不平

艾森豪威尔(左)与巴顿将军视察前线部队。

第五章 "非洲军团"的覆灭

的地势为"非洲军团"提供了很好的火力支撑点。

新西兰第二师进攻发起不久就遭受猛烈的打击，但仍继续进攻，其先锋营的一个排占领泰克鲁奈悬崖的顶部时，全排只有4个人了。但这个排却俘虏150名德意士兵，击毙50名德意士兵。

4月21日下午，新西兰第二师在粉碎"非洲军团"多次反攻后终于守住了泰克鲁奈，全师伤亡500多人。英军第五十师在右侧进行佯攻，伤亡很小。第八集团军的进攻伤亡惨重，但战果却不大。就这样，蒙哥马利将"非洲军团"赶走的企图破灭了。

4月22日，安德森第一集团军第九军在蓬杜法赫与古拜拉特之间发动进攻，其装甲部队在科尔齐亚地区"非洲军团"阵地上突入13公里。

阿尼姆派支离破碎的德军第十装甲师参加战斗，挡住了第九军的进攻。4月22日夜间，安德森第一集团军对迈杰兹巴卜发动进攻，遭到两个德国步兵团的拼死阻击，进展不大，进攻至4月25日只前进了10公里左右。

在最北部进攻的美军第二军，军长布莱德雷的指挥远比巴顿沉稳得多。布莱德雷对第二军的管理十分严格，但合情合理，另外，他还撤销了巴顿所颁布的一些违背人性的条令。

布莱德雷治军时总是耐心说服，而不是逼迫。他鼓励参谋人员和下级军官们认真思考，独立解决难题。在他的领导下，美军第二军成为一支强大的部队。

美军第二军部署在安德森第一集团军与地中海岸之间约65公里长的战线上。第二军共有4个师，包括1个装甲师。布莱德雷亲自率领第一装甲师，准备在关键时刻把装甲师投入决战，以扩大步兵打开的敌军防线的缺口。

4月23日，美军第二军发动进攻。盟军总司令艾森豪尔及其副官们来到第二军司令部督战。

英军士兵隐蔽在废墟中的墙后阻击德军。

第二军在整个战线上进展迟缓,每前进一步都要经过激烈的战斗,损失很大,最后才突破了"非洲军团"的防御阵地。"非洲军团"边打边退,有计划地向后撤退。

"非洲军团"撤退时还不停地埋设地雷,有时仅在宽15米、长30米的地方,就埋设了600颗地雷。

布莱德雷分别给4位师长下达了任务,完成任务的具体细节和方法由师长们自己决定。布莱德雷随时与他们保持联系。他每天都会给4位师长打电话,以及各师阵地上的情况,询问他们有什么好的建议。布莱德雷的指挥风格深受师长们的欢迎。

4月26日,美军第二军推进8公里后受阻。"非洲军团"在一座秃山上修筑了防御工事,根据法国地图上的标高,这座山称作609高地。

609高地是第二军整个战线上的制高点,挡住了第一装甲师东进的道路。布莱德雷把夺取609高地的任务交给赖德的第三十四师,使第三十四师得到了一雪前耻的机会。

赖德经过精心策划后发动了进攻,付出很大的代价,攻下了较低的山

第五章 "非洲军团"的覆灭

头,在猛烈的炮火支援下进攻609高地。

第三十四师连续发动三次冲锋,都失败了。美军第二军与"非洲军团"形成僵持状态。

亚历山大发现代号为"铁匠"的进攻计划没有取得成功,也没在任何一个地方取得突破。但"非洲军团"却为对付盟军的这次进攻耗尽了他们少得可怜的物资。

4月26日,"非洲军团"的两个集团军的油料补给已经不够1天的需

被英军缴获的意大利中型坦克。

要,仅剩的弹药也只能支持2天。

5月12日,在亚历山大的精心组织下,盟军消灭了德意残余部队,德军司令阿尼姆被俘虏。

为了提高意大利军队的士气,墨索里尼将意大利第一集团军司令官梅塞将军晋升为陆军元帅,但梅塞却已经准备投降了。

梅塞要求只向老资格的英军第八集团军投降,而不向初出茅庐的第一集团军投降。5月13日,梅塞率领残部向盟军投降。

至此,长达3年的北非战役结束了。"非洲军团"被俘虏27.5万人,其中一半以上是德军。被盟军的飞机、舰艇和潜艇击沉的舰艇总吨位为43.3万吨。盟军也付出了伤亡7万人的代价。

通过3年的连续抗战,德国和意大利在非洲战场上共损失了95万人,损失240万吨舰艇、8000架飞机、6200门火炮、2500辆坦克、7万辆汽车。

同盟国损失26万人,其中英军22万人、法军2万人、美军1.9万人。

战争是残酷的,大量的人员伤亡是无法避免的。同盟国攻占了非洲,从根本上改变了地中海的战局,为以后在意大利西西里岛的成功登陆奠定了基础。

第五章 "非洲军团"的覆灭

 **罗马帝国梦的终结**

对于意大利和德国来讲，"非洲军团"战败的结局早就是意料之中的事情。德意军队在突尼斯建立桥头堡，它的唯一目的就是使在北非的部队全部安全撤回欧洲。然而，希特勒却不甘心失败，他下达的命令是不惜一切代价死守突尼斯，结果导致全军覆灭。

本来这么多的德意部队完全可以阻止盟军进攻西西里岛。然而，由于可用之兵都消耗在突尼斯，轴心国也就丧失了在西西里岛击退盟军的所有可能。

但是，突尼斯的死守也使盟军重返欧州大陆的时间至少推迟了几个月。因此，希特勒对外宣称："突尼斯的防御战使轴心国获得了宝贵的时间，值得牺牲。"但轴心国的代价却是损失了15万部队，并使意大利达到几乎崩溃的地步。

德国的大多数将领都认为突尼斯之战是一次惨败，其惨败的程度不亚于斯大林格勒战役。而隆美尔则认为，这么多的兵力若能在阿拉曼战役时交给他指挥，那么他早就已经占领埃及和中东地区了。

对英美来说，北非的胜利是一次伟大的胜利，其意义为：这是英美两国自开战以来的第一次真正意义上的大胜利，对两国的士气和民心产生了巨大的鼓舞作用；英国海外的广大殖民地从此解除了威胁；地中海交通线全线贯通，开辟了多达几百万吨运载量的安全航线；盟军能够威胁意大利和德国的地域增加了一倍，使意大利陷入崩溃的边缘，使德国顾此失彼；对于美英两国的联合作战以及两栖登陆作战是一次成功的经验；北非的占领为盟军提供了更大的物质基础；盟军在北非全部肃清了德意残部，从根本上改变了地中海地区的战略态势，并为日后在意大利的西西里岛登陆奠定了有利基础。

至此，墨索里尼妄想建立的新罗马帝国以彻底的失败而告终。不断的战败、无限的忧虑和腐化无度的享乐生活，把墨索里尼的身体拖垮了。

墨索里尼身边的一个参谋曾经描述过"领袖"当时的情况："他那灰白色的脸庞，瘦瘦的双颊，疲惫不堪的眼睛，给身边的人以无限苦恼和悲哀感，他已经丧失了斗志。"

墨索里尼的巨大变化，对于那些仍旧拥护他的意大利人来讲，足以使他们感到震惊和灰心。人们轻轻地握着墨索里尼的手，想慰藉他一番，但他已不是昔日咄咄逼人的政客，墨索里尼早就已经失去了海阔天空般辩论的兴趣了。

英军第八集团军对北非的最后胜利做出了巨大的贡献。他们将德意部队赶出埃及、昔兰尼加、的黎波里，又协同第一集团军把他们歼灭在突尼斯。从阿拉曼到突尼斯约3200公里的战场上，第八集团军在3个月内占领了利比亚，6个月内占领了突尼斯。

1943年5月19日，丘吉尔应邀来到美国众议院，在美国国会发表著名演讲。丘吉尔在演讲中对北非战役进行了总结。丘吉尔那风趣的演讲受到国会议员们的称赞，并在全世界通过广播电台进行了转播。

丘吉尔在演讲中曾说过这样一段话：

"我们应该感谢希特勒这个下士的军事知识。就像我3个月以前在英国下院所预言的一样，我们这次又能欣赏到这个下士的军事才华了。这个下士使保卢斯元帅和他的第六集团军在斯大林格勒遭到歼灭后，现在又同样使我们的敌人在突尼斯遭到类似的命运……"

6月初，丘吉尔在蒙哥马利递给他的纪念册上题词："轴心国军在突尼斯全部被歼，最后投降人数达24.8万人。这标志着阿拉曼战役以及北非战争的伟大胜利。祝你在以往成就的基础上，取得更大的胜利。温斯顿·丘吉尔，1943年6月3日于阿尔及尔。"

第五章 "非洲军团"的覆灭

盟军在北非大获全胜,几名美军士兵正在车旁放松地休息。

凭借英军第八集团军，蒙哥马利打败了威震北非的"沙漠之狐"隆美尔，一举成名，人们称他为"沙漠之鼠"。蒙哥马利于1942年11月11日晋升上将。

1944年，隆美尔在《书信文件集》的"阿拉曼回顾"一章中曾这样写道："蒙哥马利把他的计划建立在精确计算的基础上。"这句话正确地评价了蒙哥马利的指挥能力。

1944年前夕，英国陆军部召蒙哥马利回国指挥第十二集团军群，准备在英吉利海峡对岸开辟"第二战场"。他向英国的各个部队发表讲话，使英军充满信心。随后，蒙哥马利参观了英国兵工厂，获得了群众的广泛支持。

盟军于1944年6月6日发动诺曼底战役，以强大的空中力量猛烈轰炸德军阵地，陆军在诺曼底登陆。蒙哥马利指挥英军第二集团军在左翼作出突进的威胁姿态，阻止德军后援；美军第一集团军从右翼向巴黎的塞纳河推进。

6月10日，盟军联成宽96公里，纵深13至19公里的阵地。受德军的抵抗和天气的恶劣等因素影响，盟军增援部队难以到达。美军伤亡较大，引起了艾森豪威尔对蒙哥马利的不满。7月底，蒙哥马利率第二集团军开到最右翼的科蒙。

8月19日，盟军消灭莫坦东面的德军，诺曼底战役胜利。敌军损失了30万人。

1944年8月25日，盟军占领巴黎。

蒙哥马利主张以巴黎为中心，向东北方向挺进，在比利时建立空军基地，攻下德国的鲁尔。他建议西翼作战由第二十一集团军群负责，东翼的行动由第十二集团军群负责，由法国的骑兵进攻南锡和萨尔。

艾森豪威尔则主张以塞纳河为基地，从北起海牙，南到瑞士的莱茵河各重镇出击。因为艾森豪威尔是最高统帅，他的决定得以实施。

第五章 "非洲军团"的覆灭

美军士兵在战友的葬礼上敬礼。

9月1日，蒙哥马利升为英国陆军元帅。因给养困难，蒙哥马利难以攻下鲁尔，影响了向阿纳姆发动大规模进攻计划的实施。

9月17日，阿纳姆战役爆发，因最高统率部作战部署不当，以及恶劣的天气影响，盟军未能拿下阿纳姆的桥头堡。9月25日，前线部队撤退。12月16日，德军向美军第一集团军发起强攻，局面恶化，第十二集团军群被一分为二。蒙哥马利奉命指挥反攻，挡住了德军。接着，他指挥北方战线的盟军作战。两周后作战，盟军消灭了进攻的德军。

艾森豪威尔接受了蒙哥马利的计划，集中兵力进攻鲁尔的北线，蒙哥马利负责指挥。1945年2月8日，美军第九集团军和加拿大集团军向北

盟军轰炸溃退的德军。

进攻。3月10日,美军第九集团军和第二十一集团军群部署在莱茵河西岸。美军第一集团军于3月7日占领雷马根的铁路桥梁,在东岸建立桥头堡。3月23日,蒙哥马利率盟军渡过莱茵河,击溃了德军。5月2日,盟军封锁了丹麦半岛,阻止苏军进入丹麦。英军第二集团军在两天内俘虏近50万人。5月4日,驻守荷兰、德国西北部和丹麦的150万德军向盟军投降。1945年5月8日,德国投降。

蒙哥马利为英国占领区制定计划并贯彻执行,规定严禁抢劫和使用德国的运输设施,把德军划归西北欧德军总司令布施管辖,组成总预备队。

★蒙哥马利战后出任对德管制委员会英方代表

蒙哥马利有秩序地在英占领区重建地方政府，计划首先解决德国人的口粮、住房和疾病等问题，再解决其他问题。

5月22日，蒙哥马利担任盟国对德管制委员会的英方代表。

蒙哥马利认为应该使德国人有过得去的生活水平和最低的失业率；鼓励德国人与外界接触，为在校学生供应课本，提供教师和校舍。

他主张把管理和解决德国军人的问题还给德国人，对德国人实施继续监督。

1946年6月26日，蒙哥马利在陆军部担任英国参谋总长。到任后，他对英国陆军训练进行改革，建立参谋长制度，使司令官摆脱了具体的事务，从而可以集中精力考虑大的问题。

1949年4月，美、英、法、荷、比、卢、加、挪、冰、葡、意、丹12国签订了《北大西洋公约》。1951年4月2日，欧洲盟军最高司令部在巴黎成立，艾森豪威尔担任最高统帅，蒙哥马利担任副统帅。

中东骑兵向远方瞭望。

第五章 "非洲军团"的覆灭

攻入突尼斯的盟军士兵牵着一只狮子。

隆美尔（右）观察地形。

"谢尔曼"坦克集群正在行进。

一名盟军士兵与埃及商人交换物品。